Dot Journaling
— A Practical Guide

不拖延的
人生笔记术

帮你掌控生活的超简单记事法

［美］蕾切尔·威尔克森·米勒 —— 著
许佳 —— 译

中信出版集团 | 北京

图书在版编目（CIP）数据

不拖延的人生笔记术 /（美）蕾切尔·威尔克森·米勒著；许佳译. -- 北京：中信出版社，2021.5（2021.9重印）

书名原文：Dot Journaling—A Practical Guide

ISBN 978-7-5217-2599-5

Ⅰ.①不… Ⅱ.①蕾 ②许… Ⅲ.①时间—管理—通俗读物 Ⅳ.① C935-49

中国版本图书馆 CIP 数据核字（2021）第 048311 号

Dot Journaling—A Practical Guide by Rachel Wilkerson Miller
Copyright © 2017 by Rachel Wilkerson Miller
This edition arranged with THE EXPERIMENT, LLC
Through BIG APPLE AGENCY, INC., LABUAN, MALAYSIA.
Simplified Chinese edition copyright © 2021 CITIC Press Corporation.
All rights reserved.

本书仅限中国大陆地区发行销售

不拖延的人生笔记术

著　者：[美] 蕾切尔·威尔克森·米勒
译　者：许佳
出版发行：中信出版集团股份有限公司
　　　　　（北京市朝阳区惠新东街甲 4 号富盛大厦 2 座　邮编　100029）
承 印 者：北京盛通印刷股份有限公司

开　　本：880mm×1230mm　1/32　　印　张：6.75
字　　数：100 千字
版　　次：2021 年 5 月第 1 版　　印　次：2021 年 9 月第 2 次印刷
京权图字：01-2020-6150
书　　号：ISBN 978-7-5217-2599-5
定　　价：49.00 元

版权所有·侵权必究
如有印刷、装订问题，本公司负责调换。
服务热线：400-600-8099
投稿邮箱：author@citicpub.com

目 录

引 言 1

第一章　基本概念 15
第二章　年度计划 31
第三章　月计划 45
第四章　月度习惯管理表 56
第五章　周计划 69
第六章　日计划 83
第七章　在手账里写日记 93
第八章　健身和减肥计划 111
第九章　创意清单 129
第十章　财务计划 149
第十一章　家务计划 161
第十二章　饮食计划 171
第十三章　旅行计划 183
第十四章　打造你的专属手账 194

引言

我从 9 岁时开始写日记，那时我正在读小学四年级。接下来，从初中到高中、大学，我差不多每天都写日记。我在一本接一本的日记里写下我的观察和思考，当然还有我的初恋以及之后的众多恋情。我还会做每日计划表。但这都是很久以前的事了，那时手机应用软件和网站还没有把日记本淘汰掉。

25 岁以后，我就很少写日记了。一部分原因是当时写作已经成了我的全职工作，而且我还在运营一个博客。那时，我每天都会通过短信或者电子邮件和朋友们分享自己的想法。所以到了晚上，我就不想把这些事情再在日记本里重复一遍了。虽然我还是会在速记本上列出每天的任务清单，不过那不是我有意培养的习惯，也不曾给我带来真正的快乐。

这就是我在接触手账之前的状态。2015 年 12 月，在朋友的博客上第一次看到"子弹笔记术"时，我感到很困惑。我原以为它是一种市面上花钱就可以买到的新型日记本或日历——我想：太棒了，我喜欢买新东西！不过在我进入它的创始人赖德·卡罗尔运营的官方网站后，我被弄糊涂了。因为我搞不懂它究竟是什么东西。

当我听到"手账"这个词时，我想到的是"日记"，但它听起来好像是一份……任务清单，或者是一份……日程表。那个网站上写了很多子弹笔记术的要点，还有一大堆我看不懂的东西，最后附上了一些简单的示例图片，凡此种种和我在 Instagram（照片墙）网站上看到的精致、复杂、美丽的手账大相径庭。但那些手账就是按照子弹笔记术的要点设计制作的。似乎很多人都在使用点格本来做手账……不过那种类型的纸张看起来并非不可或缺。我弄不清楚这种笔记术的规则，也不明白要点究竟在哪里。最终，我放弃了。

不过在四处打听后，我发现我的朋友们也都听说过这个新型的笔记术，但也都不太清楚它的具体含义。于是我下决心弄清楚

它究竟是什么。结果表明，子弹笔记术其实是一个非常简单的概念，只是很难解释。部分原因在于，它的一个重要原则是"自己做自己的"，也就是说每个人做手账的方法各有不同，并没有什么真正的规则。随着时间的推移，互联网已经把子弹笔记术的基本概念——用点格笔记本和简单的符号记录最重要的事情——转变为我所理解的富有创意的、丰富多彩的手账。

在2016年1月1日第一次做手账后，我很快就爱上了它。手账正是我所需要的东西，它可以让我用一个笔记本整合所有的任务清单，帮助我在人生的各个领域保持井然有序，还能让我重拾写日记的习惯。我惊喜地发现，每天在手账本里写点什么真是太容易了。在本书中，我将告诉你如何做手账，以及如何养成做手账的习惯。

到底什么是手账呢？

手账就是用一个笔记本记录下所有你想记下的东西：你想做或需要去做的事情，你已经做过的事情，你的想法或观察……内容可以覆盖你生活中的方方面面，如工作、家庭、人际关系、兴趣爱好等。做手账时，你可以用简短的词语快速记下你想记录的内容，无须写下完整的长句，你可以用一些简单的符号为每条内容做标注，这样你就可以将这些信息归类，方便日后查找。除了使用这些符号，你还可以通过总结日期、页码、主题和索引等方式来整理你的手账。

七. 04.09

- 给阿里回邮件
- ∧ 上传待评估的文件
- 签署宣传手册的设计稿
- ☐ 7:00，健身
- ✗ 打电话询问送沙发的时间
- > 核对时间表
- ☒ 17:30，项目会议
- ☒ 19:00，上课

日记

— 早上天太暗了，我的床又太舒服了。我想一直待在床上。

— 拖着沉重的脚步去上高温瑜伽课……却发现我搞错了时间，那节课8点半才开始。我只好做了30分钟有氧运动，照着视频练了20分钟瑜伽。

— 在健身房冲了个澡，吃了早饭，今天到单位有点早。感觉不错。大多数同事都是10点才来上班，不过我喜欢早一点来。

— 今天沙发还是没有送来。

— 今天后背又疼了。我需要每天运动一下，我感觉我的脊椎都要断掉了。

做手账是一种记录下每一件你觉得重要的事，使你的生活井然有序的方式。

让我们从一个全新的笔记本开始吧。这个笔记本里的页面可以是空白的、横线的、网格的或者点格的。最重要的是，上面最好不要有提前印好的日期、表格或"你的任务清单"这样的页眉等等（不过有页码没什么关系）。

因为这种提前设计好的笔记本无法预测你的需求，因此也就无法满足你的个性化需求。它不知道你的字体有多大，也不知道你每天的任务清单或者日记需要多大空间。你也许只想写4行，也可能想写4页，这取决于当天发生了什么事情。手账之所以如此吸引人，就是因为它既能让你整理思绪，又能让你自己决定版式和设计。与其试图提前规划好每件事情（这是不可能的），不如先规划开头的几页，后面的页面根据之后的需求设计即可。

问题：手账是任务清单、日程表还是日记？
回答：都是。

在开始做手账时，这是我最关心的问题。当别人告诉我手账是这几样东西的综合体时，我很不解。不过它还真的包含了所有！

任务清单和日程表主要关注你打算在未来做什么，而日记更多地关注你已经做完的事情。当把所有这些东西综合在一起，我们就能更全面地了解自己。在做手账之前，我从来没有想过把自己的任

这里都是空白的

务清单、日程表还有日记组合在一起,更不知道这样做的效果会怎样。现在,我知道这样做的好处了。

我常常会在回看以前写的日记时感到惊讶:我到底有多少事情没有记录下来啊。我写了很多关于初恋的事,却很少提及学校发生的事、我的朋友们、我当时正在读的书、用掉的钱和我当时为之努力的目标。或者说得简单点,我并没有在日记里记下我的日常生活。我的任务清单倒是保留了一部分这类信息,但我不曾费神记录那些任务,因为我觉得它们并不重要。现在我开始意识到,我们的任务、习惯和日常活动实际上透露了很多我们的偏好、梦想以及我们是怎样的人。手账可以帮助我们记录下生命中发生过的所有事情,并记录我们在未来想做的事。

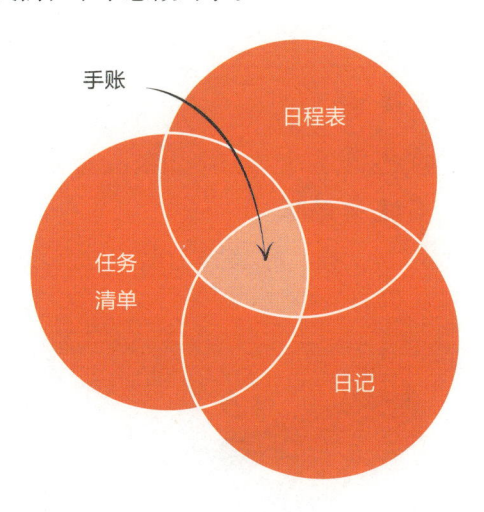

03.01

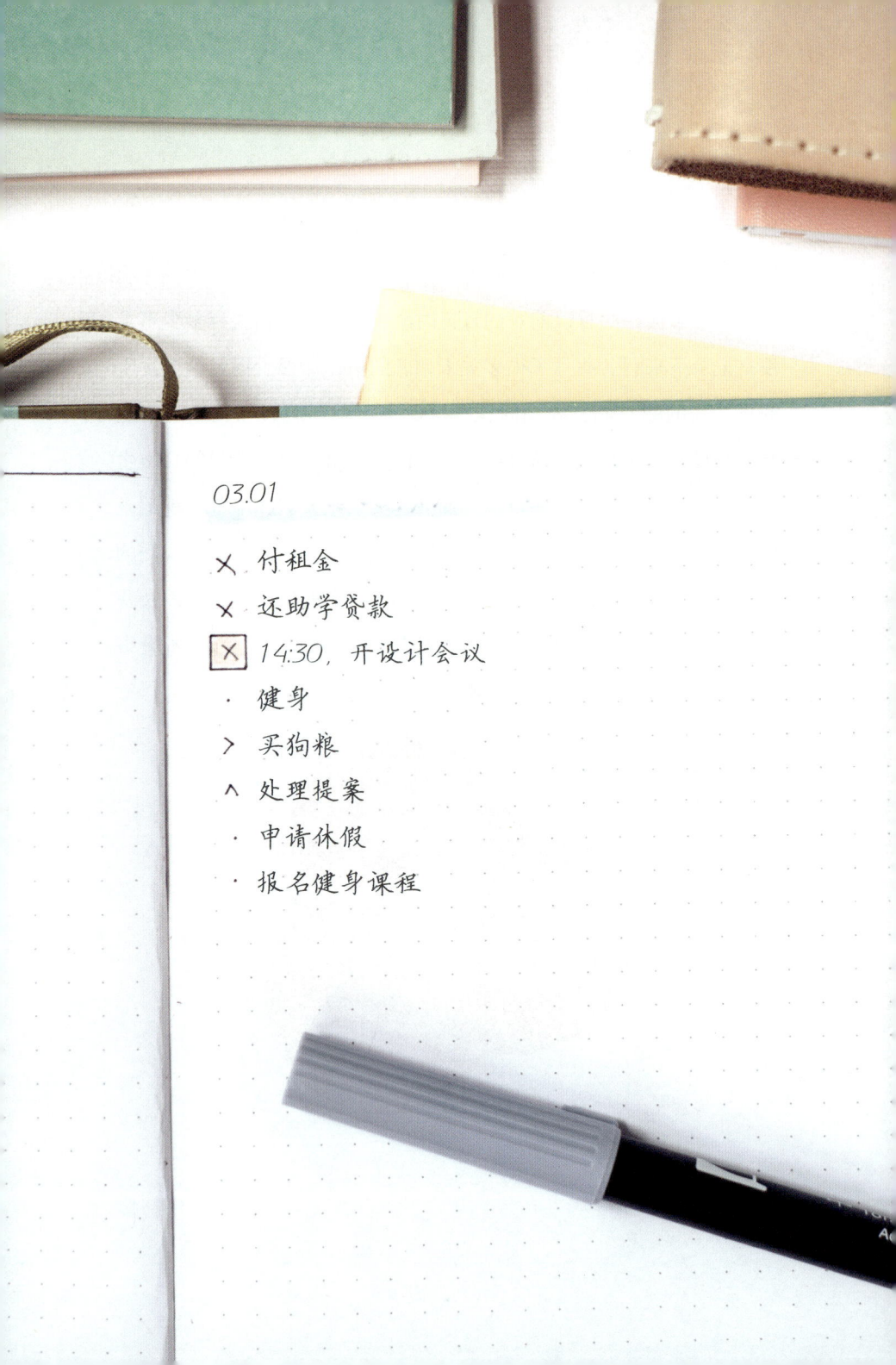

✗ 付租金
✗ 还助学贷款
☒ 14:30,开设计会议
・ 健身
＞ 买狗粮
∧ 处理提案
・ 申请休假
・ 报名健身课程

手账适合……

◆ 有一大堆待办事宜的人。
◆ 喜欢给自己设定目标的人。
◆ 想要变得更有条理的人。
◆ 非常想写日记，但是没法一直坚持下去的人。

但是，所有这些都不是做手账的前提条件。手账最适合那些想写点东西、做点事情的人。

关于本书

本书将会向你详细解释什么是手账，展示最受人们欢迎的几种页面设计方式，为你提供一些手账的设计灵感，回答一些常见的问题，并提供一些让手账融入你的生活的小窍门。无论你是刚刚开始了解手账，还是已经接触了一段时间，这本书都很适合你。

手账的优点之一，也是它受欢迎的重要原因，就是它能够适应每个人的不同需求。一旦你掌握了它的基本概念，接下来的实际操作方式实际上是无穷无尽的。请注意，本书的所有内容都是友好的建议，而不是强制的要求，请把你的手账设计成适合自己的样子。

有多少做手账的人，就有多少种手账的风格。许多狂热爱好者会花大量的时间来装饰他们的手账本，把做手账当作一种发挥创造力的途径或是一种爱好。不过还有很多人以一种极简主义的方式来做手账。(在我加入的手账社团里,每周至少会有一个人批评那些字迹凌乱的人,说他们的手账拿不出手,而且这种批评往往能引发大量附和的声音。这让我无法理解。)

"为什么要这么麻烦自己?"

手账给人的第一印象通常是一种很复杂的记录方式。但是我还是想向你解释一下为什么你应该做手账,或者至少是我为什么要这么麻烦自己。

首先,手账是一种帮助我整理自己生活的绝佳方法。它除了使我在职场大有收获之外,还能让我自己照顾好自己,以免忘记了重要的任务,丢失了重要的文件,总是迟到,有上顿没下顿……整理好自己的生活可以有效摆脱不必要的焦虑。记录下每天的日常活动能让你更好地明白什么使你快乐和健康(以及什么使你不快乐、不健康),帮助你实现你的目标,不负你的人生。

除了满足自己的需要外,我认为整理好自己的生活对其他人也有好处。随着年龄的增长,我越发明白我的个人决定和情绪会对身边的人产生巨大的影响。如果我没有做好我该做的事情,就会连累其他人。所以,整理好自己的生活也是我向周围的人表达我很在乎你的一种方式。

其次,手账是一种理解自我和周遭世界的方式。利用手账,我可以更快速、更准确地回答一些重要的问题——"那次会议是什么时候开始的""那份税收单我寄出去了吗""我是否因为某种食物、某个兴趣或《实习医生格蕾》而变得更不健康了"。这个世界充斥着各种噪声和冷嘲热讽,保留一小块只属于你自己的空间,让你可以坦诚地记录下最隐私的时刻和最深刻(或者最肤浅!)的思想,而无须担心被评判,这种感受是多么美好而独特。手账常常是我们第一个能够表达这些东西的地方,有时候它也是我们唯一能够表达这些东西的地方。

记录下你的生活是专属于你的特权,这种写作会让你获得难以置信的释放。写日记的核心价值在于它是一种宣言,声明你的观点是很重要的。如果你所生活的社会总是告诉你表达自己的想法和需求会显得你很自私或者很"疯狂",你必须沉默,你生存的主要意义就是顾及他人,那么,选择说出自己的想法就是一个有力的反抗行为。它能表达出"我不仅仅是别人故事里的配角,我还是自己故事里的主角,我的所作所言所想都有自己的价值"。学会在私下表达自我,会使你更容易在公开场合发出你的声音。

所以,手账能帮助你解答那些重要的问题,比如你是谁,你想要什么样的生活,也能提醒你做一些琐碎的事,比如按时支付有线电视费。无论是哪一种,我觉得都值得你开始写手账。

开始做手账的三个小窍门

1. 越简单越好，尤其是在刚开始的时候。 手账有很多种设计方式，你可能在一开始就想尝试制作复杂多彩的版式设计。但是过度关注手账的外观会使你背上过重的负担。我在刚开始做手账的时候，就强迫自己做到尽量简洁，这样我才能坚持下去。一个月后，我意识到做手账的习惯已经养成，于是开始逐渐在页面上添加了一些色彩。6周之后，我开始增加一些精致的设计。如果我一开始就做各种复杂的版式，我不确定我是否能够坚持下来。

2. 提前做一些规划。 如果看到空白的笔记本你会既兴奋又焦虑，而且憎恨笔误，那么我建议你在读完这本书之后，坐下来，拿出一些废纸，给你的手账最初几页的格式打个草稿，然后再落实到手账本上。另一方面，不要试图规划好整本手账，因为这基本上是不可能的，特别是在刚开始的时候。

3. **别想太多。**第一次做手账时，你很可能想设计出一些以后可以一直使用的页面布局。但是这完全没有必要。手账是非常灵活的，绝大多数人每个月或者每周都会重新评估他们的版面，看看该进行哪些调整。请接受你的手账不会一直完美这个事实，这样你会更容易开始，也更容易坚持下去。

第一章

基本概念

听人们谈论手账，就像听他们说外语一样。"到底什么是未来版面？"你可能会一边浏览 Instagram 上面的手绘日程表，一边这样想，因为这些漂亮的日程表里画满了你不认识的符号。"为什么她要一直说日计划这个词，好像我知道那是什么意思似的。"你的朋友近来特别痴迷于手账，还想说服你也开始做手账，但你可能根本听不懂她说的那些词语。我懂你的感受。我第一次接触手账时，两分钟之后就放弃了，因为我也弄不懂那些专业术语。所以，现在我们就从了解这些术语开始吧。

子弹笔记术：一种做计划、写日记和记笔记的方法，用语简短，使用简单的符号标注，这样你就可以提高你的写作速度，并将所有信息归类，便于日后查找、追踪。使用简单的语句意味着你更有可能把你的日常记录下来。当然如果你愿意，你可以在下一页用完整的句子，以写日记的方式补充这件事的细节。你在手账里记录的东西多数属于三个类别：任务、事件和日记。

任务：你需要去做或者已经做完的事情。

事件：将要发生以及已经发生的事情。

日记：你的想法和观察，以及所有不属于任务和事件的事情。

点：手账里最重要的符号，用来标注需要完成的事件。

版式：信息在一页纸（或者好几页纸）上被编排的方式。版式可以是复杂的、有艺术气息的或充满想象力的，也可以很简单、很传统。不管怎样，你的版式可以根据一个特定的时间段（比如"本周"）或者一个特定的主题（比如"我想要读的书"）来设计，它们也可以包含二者：本周我想要读的书。

标题：通常写在一个版面的顶部以表明这一页的内容，比如"3月

25 日"或者"我的敌人"。

年度计划：使整年一目了然的计划表，你可以在这一版面记录预定事件、目标和你需要长时间做的事情。

月计划：月度日程表＋你需要在这个月做的事情＋上个月你忘记做的事情。

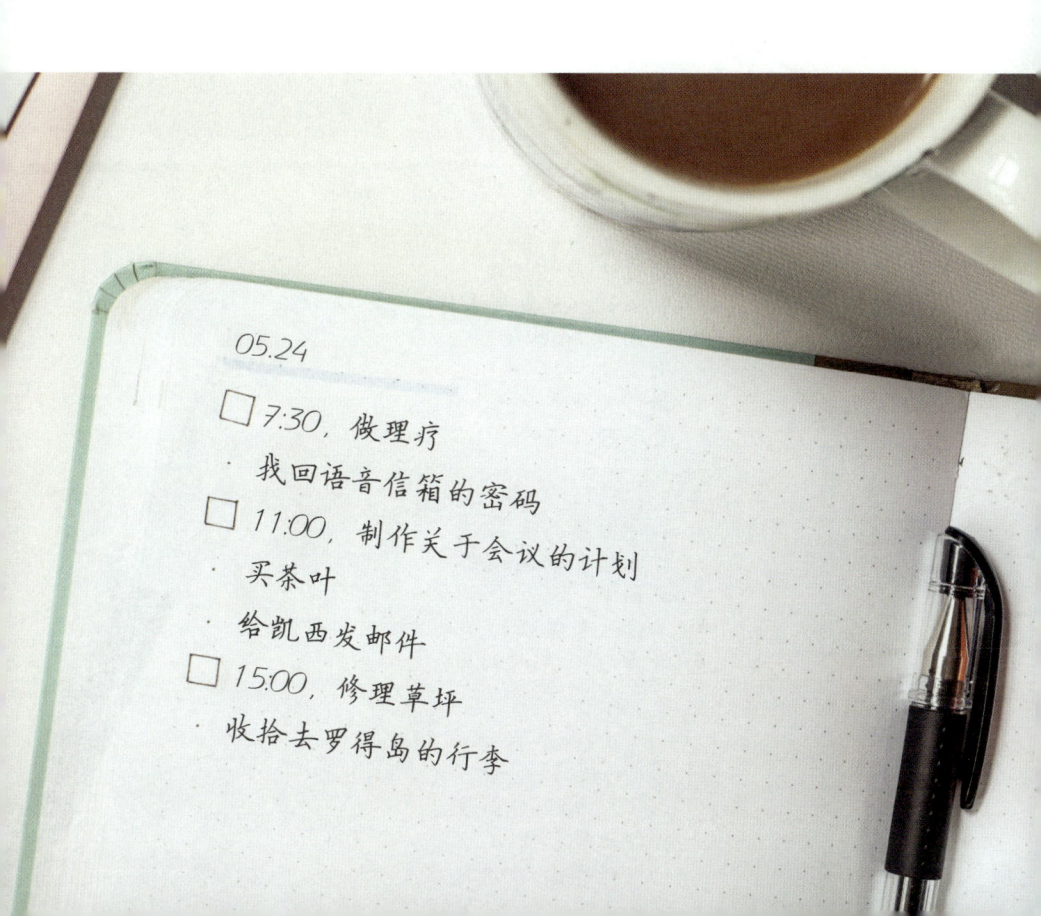

周计划： 一周日程表＋你需要在这一周做的事情＋上周你忘了做的事情。

日计划： 今天你需要做的事＋已经做过的事＋一些其他的观察记录。

习惯管理表： 记录你经常做的事情。你可以按年、月、周、天或者事情的类别来管理你的习惯。

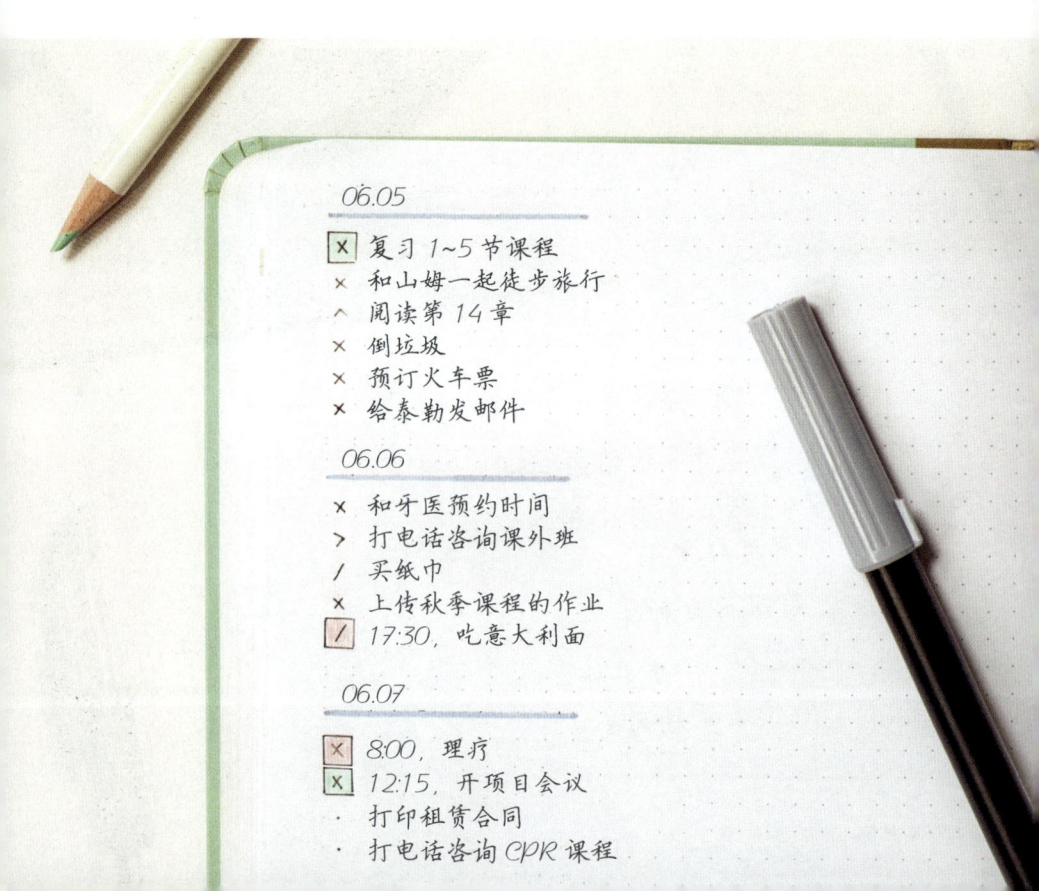

做手账基本上就是在本子上设计出你喜欢的版式，然后往里面添加信息。第一次做手账时，你很可能想制作一个年度计划或者月计划（无论你是从哪个月开始的）。不过与其一次性把整个月的每日计划规划出来，并提前估计你需要为每一天预留多少空间，不如一天一天地慢慢来。

我们想象一下，你已经做手账有段时间了，今天你起床以后，发现你特别想列出你在旅行途中想要做的事情。非常棒！于是你翻开你的手账，在顶头写下"佛蒙特旅行"（即标题），然后在下面写出所有的想法。你可能会想：这里吗？在第 27 页？随机地夹在周二和周三的页面中间？在我这样一个完美主义者的手账里？回答是：没错！就在那里！在你的手账本的第 27 页！这就是手账区别于一个已经提前印刷好的笔记本的地方。将一个模板应用于所有情况的笔记本并不知道你想在哪一页记录旅行清单，以及你需要多大的空间。不过你的手账可以对你说："你好，我欢迎你的每一个突发的想法！随便在本子的任何地方写下你的想法，我会使之非常方便查找，供你日后使用！"你可能会问："怎样做到日后非常方便查找这些信息呢？"这个问题就把我们带向了下一小节……

索 引

你可以在手账的第一页制作一个索引，它和书籍的索引一样，就是标题列表及其所在的页码。每次写下了一些重要的内容后，你就可以在索引页记下这个标题和相应的页码。

现在你也许又要问了："等等，你是说页码吗？"没错，就是页码！手账的一个特征是，每一页都有相应的页码。如果你的手账本没有印好的页码，那么你可以自己标上去。你可以选择一次性把每一页的页码都标好，但是如果你和我一样懒，可以一次只标记20页。

刚开始做手账的时候，你可能没有什么可以记录在索引里的内容。我们可以随着内容的增加适时地返回索引，添加一些重要的主题和页码，我通常会给自己留下2~3页做索引。顺便说一句，索引不一定要放在本子的最前面，我朋友就把她的索引放在手账本的最后几页。各位，只要你自己喜欢就好。

你没有必要把每件事都写进索引，但是最好把你以后想查阅的清单、事件、版式和想法等整理进索引。你的索引页可以很详细，也可以比较笼统。比如，你可以写一个"旅行"的大标题，然后把所有和旅行相关的主题和页码都汇总在下面。你也可以在索引页分别列出特定的旅行主题（比如"得克萨斯之旅"和"佛蒙特之旅"等）。最近，我试图让我的索引简单一些，我开始把每周当作一个索引主题，我发现这样做很有帮助。你可以尝试把不同的对象设为索引主题，再视效果进行调整。

在开始做手账之前，我从来没有想过在笔记本里制作一个索引，但我现在发现它是一个非常棒的主意。不断更新索引看起来是

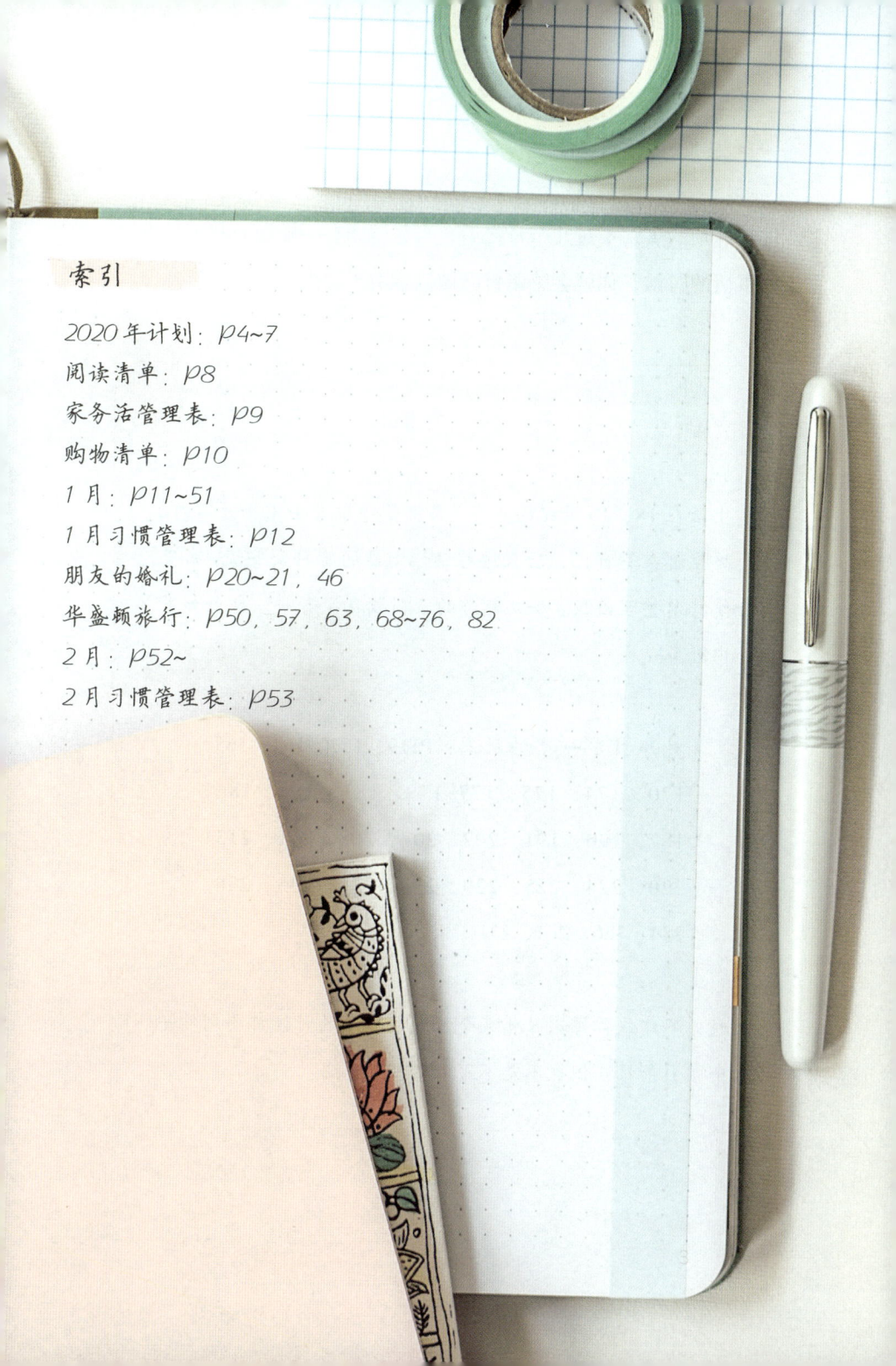

索引

2020年计划：p4~7
阅读清单：p8
家务活管理表：p9
购物清单：p10
1月：p11~51
1月习惯管理表：p12
朋友的婚礼：p20~21，46
华盛顿旅行：p50，57，63，68~76，82
2月：p52~
2月习惯管理表：p53

件很麻烦的事，不过几个月之后，当你试图在手账里查找某件重要的事情的时候，你就会感谢自己做过索引了。

最小气的索引

生活在18、19世纪的贝齐·弗里曼特尔女士（原姓温内）终生都在写日记，后来这些日记由她的曾孙女安妮·弗里曼特尔整理出版。安妮制作的索引放在了卷一，包含如下内容。

> 对邦贝尔一家的厌恶：P119、157、164、165、170、174、175、177~179、183、184、186、187、190、191、202、207、208、211、213、220、224、225、229、230、231、235、236、254、260、261、271

我并不建议你每次吐槽某个人或某件事的时候都要制作一个索引条目，但也不是不可以。

符 号

符号是手账的重要组成部分。下面我来介绍一些我认为最有用的符号，在本书中你会经常看到它们。

用一个点（·）来标注你需要做的事。

把点变成一个叉（X），表示这件事已经做完了。

已经安排了的事情，可以用小于符号（<）表示。

如果一个任务被后移了，也就是说你没有在今天/本周/本月

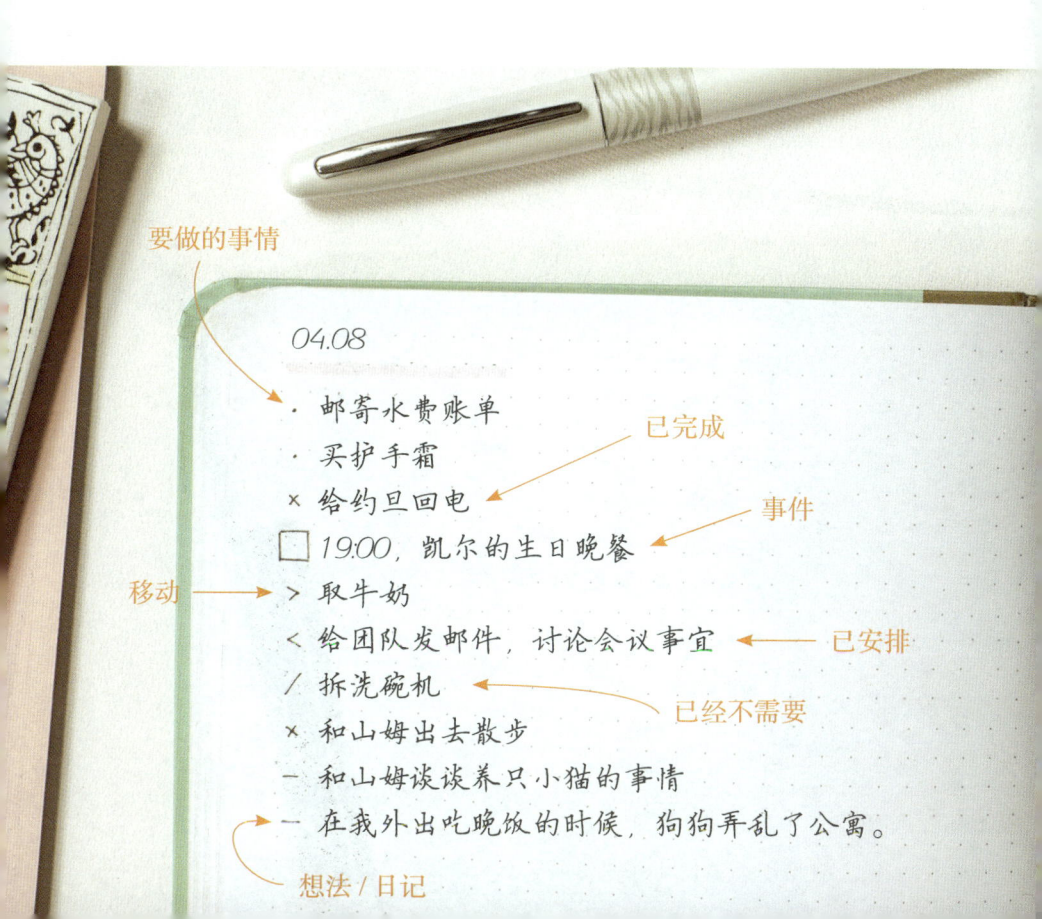

要做的事情

04.08
· 邮寄水费账单
· 买护手霜
× 给约旦回电 —— 已完成
☐ 19:00，凯尔的生日晚餐 —— 事件
> 取牛奥 —— 移动
< 给团队发邮件，讨论会议事宜 —— 已安排
/ 拆洗碗机 —— 已经不需要
× 和山姆出去散步
— 和山姆谈谈养只小猫的事情
— 在我外出吃晚饭的时候，狗狗弄乱了公寓。

想法 / 日记

完成它，可以把点改为一个大于符号（>），这样你就可以把它移入另一天 / 周 / 月的任务清单。你可以不断移动一个项目，直到你完成它为止。

顺便补充一句，一旦任务完成了，你会发现以上每个符号都很容易被改成一个叉（X）。

当你开始做某个任务时，可以在点上面加一个脱字符号（^）。即使你还没有做完这件事，但看到自己正在努力，也比较有成就感。

一些临时产生的想法、注意事项、观察或者琐碎的事，可以用一字线（—）标注。

重要的事情，如约会、生日、会议或者纪念日等，可以用方框（□）标注。

如果一件事已经不重要或不需要做了，可以画个斜杠（/）。

我还会在代表事件的方框里画一个"X"或者其他符号。比如说，如果某个事情调整到了另一个日期，我就在框内画上移动的符号。如果事件取消了，我就画个斜线。在记录重要的事件时，我会先画一个方框，然后根据事件的类型给方框涂上不同的颜色。

无论你采用哪些符号，你最好在手账本里做一个符号示例表，以便日后查阅。我通常会把它放在手账本的最后一页。

"任务清单上的事情在完成后不能划掉吗？"

我明白你的意思。我也喜欢把事情添加进任务清单，然后在做完后把它们划掉。第一次在别人的手账中看到前面提到的那些符号时，我也在想为什么不把做完的事直接划掉呢？但是，用过这些符号之后，我变得更喜欢用点和"X"这种方式了。

首先，使用这些符号有助于我们回顾自己所做的所有事情，包括已经做完了的事。在已完成或已安排的事上划线并不好看。放弃这种做法会使整本手账看起来更干净整洁，这让我很开心。

在使用这些符号以后，我才意识到把点变成"X"确实非常让人有成就感。我甚至会把已经做完的任务添加进我的清单，就是为了把点变成"X"！所以，请试试各种符号吧。如果试过以后，你发现还是更喜欢划掉任务清单里的内容，那也没关系，你不用完全按我说的去做。不过我猜，你并不会像你想象的那样怀念之前的做法。

选择笔记本

你可以用任何一个你喜欢的笔记本来做手账，不过在挑选笔记本时，你可以记住下面这些小窍门。

◆ 选择一个你可以在上面写很多东西的笔记本，页数要多（大概 150~250 页），页面要足够大，不能在上面写几句话就没有地方了。绝大多数做手账的人都喜欢用那种宽 12 厘米、长 20 厘米的笔记本。

◆ 别买太大太重以至于你不想随身携带的笔记本。你确实不需要时时刻刻都带着它，但是你要问一问自己：这个笔记本能装进我平时背的包吗？

◆ 选择结实一点的笔记本。虽然封面轻薄的笔记本通常比硬面的更轻、更便宜，但是它们也更容易破损。

◆ 你可以选择方格页、横线页或空白页的笔记本，只要你喜欢就好。许多做手账的人，包括我自己，都会用点格笔记本。我之前从来没有用过（甚至没有看到过）这种类型的纸，但我现在最喜欢这种纸了。因为空白的页面让我很有压力：我写的字呈一条直线吗？不，我当然写不直！而横线纸则不够灵活，不能像点格纸那样适应不同的版式和篇幅。此外，点格纸上的点颜色很轻，远远看过去好像空白页，路过的人看到你的手账会觉得你是个魔法师，因为你能在空白页面上把字写得整整齐齐。

◆ 对于笔记本的选择不要有太大的压力。如果不喜欢之前买的笔记本，你随时都可以换一个更喜欢的。你还可以在一开始先用一个便宜的笔记本，在你确定了自己喜欢并需要的笔记本后，再升级到更贵一些的本子。

"没有人会有时间干这个！"

这是许多人在接触手账后的第一反应，尤其是在网络上。我能理解这种想法，但是事实并非如此。许多人都有时间做手账，或者说得更准确点，许多人都会为做手账挤出时间。

要在手账上花多少时间取决于你自己。我一般会在每天晚上花10~30分钟的时间。和做绝大多数事情一样，我发现一旦开始做手账，我花的时间会比预设的时间多得多，不过有时候我也会只写上5分钟就去休息了。除此之外，每个星期日我会花上10~15分钟设计下一周的周计划版面，每个月月底花大概30分钟为下一个月设计新的版式。

因为我喜欢做手账，所以我从来没有觉得它占用了我很多时间。而且如果这些时间我不用来做手账，就会去浏览网络上那些无聊的资讯。在睡觉前记录一天发生的事情能让我放松心情，还能让我回顾这一天是怎样度过的。尤其是我每天花5~10分钟制作的任务清单能使我免于忘了某件重要的事情，或者将时间花在一些不必要的事情上。

肯定有人会花更多的时间在他们的手账上面。他们喜欢寻找想法和灵感，喜欢制作漂亮的新版式，还喜欢和其他做手账的人沟通，讨论在哪里可以买到好用的便利贴，最好用的黑色中性笔是什么牌子等。许多人正在寻找一种发挥创意力的途径，于是他们的手账十分华丽，但并不是每个人都必须这样。这些额外的装饰不应该与手账的核心价值相抵触：我们做手账是为了整理自己的生活，完成我们的任务，进行自我反思和提升。

我所认识的绝大多数做手账的人都是妈妈、学生、外出工作的人，或兼具以上特点的人。他们知道，自己从手账中得到的回报是值得他们在手账上投入时间的，无论是每天花5分钟还是1小时。特鲁德尔·托马斯博士是美国俄亥俄州辛辛那提市泽维尔大学的教授和研究人员，他对15名坚持写日记超过5年的普通人做过深度访谈，在这个研究项目中她发现：

> 得知他们平时是何等繁忙后，我感到十分惊讶。他们很多人从事的都是高强度的工作，绝大多数人会投身于社会活动、教会工作或者艺术学习之中，有些还要照顾年幼的孩子。然而，他们已经把日记融入他们的生活中……显然，保持写日记的习惯对他们来说有很大的意义和价值。

所以，如果你发现手账为你的生活增添了价值，你就会挤出时间来做手账。而且，如果你有时间在网络上提出"谁有那份闲工夫"这个问题，答案就可能是……你。你有时间。

想要把东西写下来是一种非常特别的冲动,那些没有类似体验的人是难以理解它的。拥有私人日记的人与其他人完全不同,他们孤独而执拗,他们是心怀焦虑的不满者,是一出生就有一种失落感的痛苦的孩子。

——琼·狄迪恩
美国小说家

第二章

年度计划

做好索引以后，你可以空出几页来做年度计划，记录今年的重大事件、截止日期、生日、约会和长期计划等。你可以使用上一章提到的符号给不同的项目做标记。如果你是从年中开始做手账的，那么你可以只规划今年剩下来的月份，也可以把已经过去的几个月里发生的重大事件补进来。

一开始做手账时，你不需要把所有版面都填满，先设计好版式，然后随着时间的推移不断更新就好。下面是几种常见的年度计划设计方式。

简单地
罗列日期

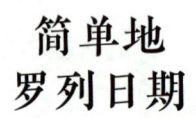

这种将一年的计划分成 6 面的垂直布局简洁明了，很容易设计，完全不需要什么艺术细胞！你只需把每面分成两列，然后在每列的最左边从上到下依次写下该月的日期。如果你不打算添加很多事件，而且你的字又比较小，那么这是一种很实用的方式。

02

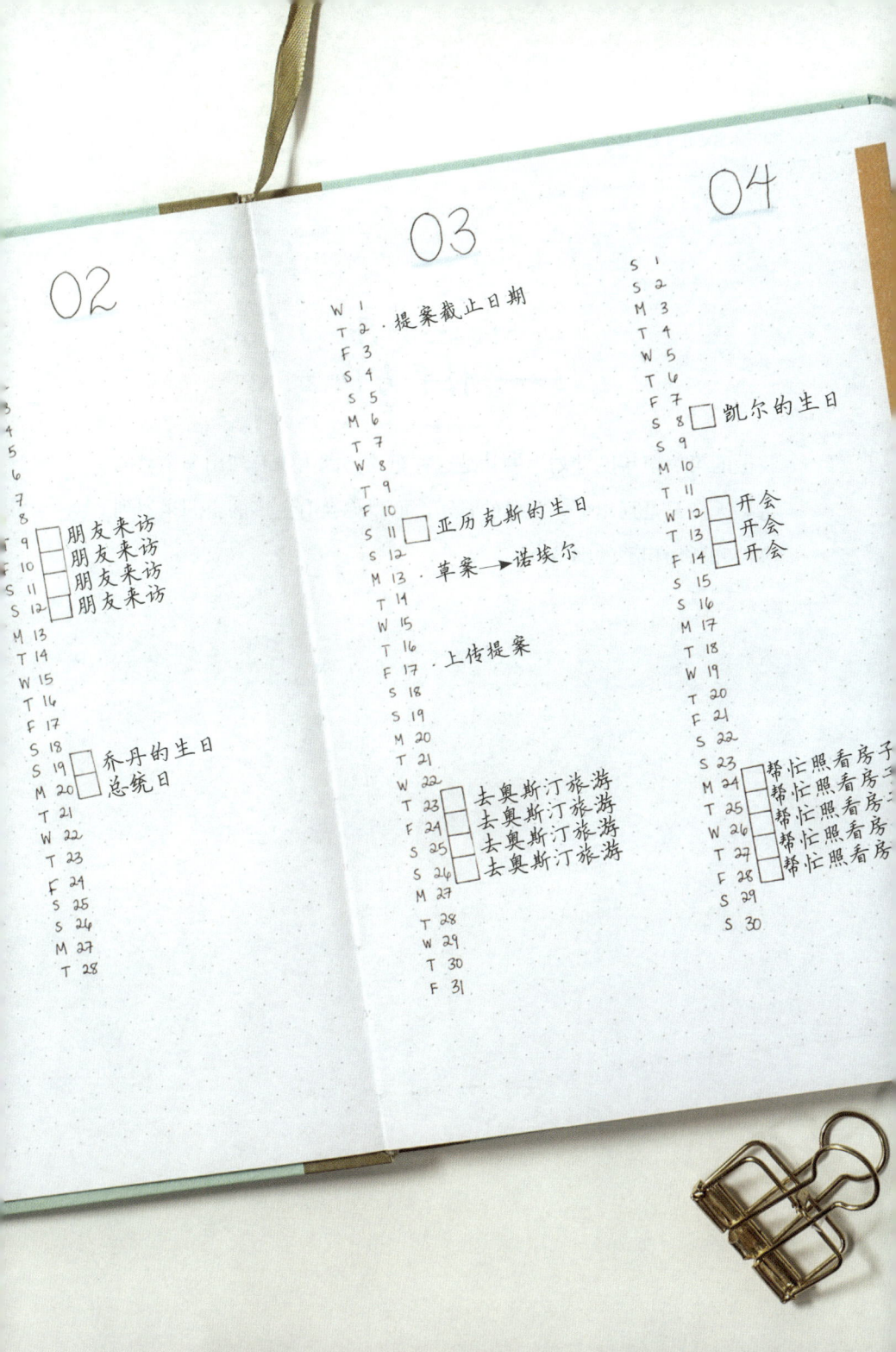

- □ 1
- □ 2
- □ 3
- □ 4
- □ 5
- □ 6
- □ 7
- □ 8 朋友来访
- □ 9 朋友来访
- □ 10 朋友来访
- □ 11 朋友来访
- □ 12 朋友来访
- M 13
- T 14
- W 15
- T 16
- F 17
- S 18
- S 19 □ 乔丹的生日
- M 20 □ 总统日
- T 21
- W 22
- T 23
- F 24
- S 25
- S 26
- M 27
- T 28

03

- W 1
- T 2 · 提案截止日期
- F 3
- S 4
- S 5
- M 6
- T 7
- W 8
- T 9
- F 10
- S 11 □ 亚历克斯的生日
- S 12
- M 13 · 草案 → 诺埃尔
- T 14
- W 15
- T 16
- F 17 · 上传提案
- S 18
- S 19
- M 20
- T 21
- W 22
- T 23 □ 去奥斯汀旅游
- F 24 □ 去奥斯汀旅游
- S 25 □ 去奥斯汀旅游
- S 26 □ 去奥斯汀旅游
- M 27
- T 28
- W 29
- T 30
- F 31

04

- S 1
- S 2
- M 3
- T 4
- W 5
- T 6
- F 7
- S 8 □ 凯尔的生日
- S 9
- M 10
- T 11
- W 12 □ 开会
- T 13 □ 开会
- F 14 □ 开会
- S 15
- S 16
- M 17
- T 18
- W 19
- T 20
- F 21
- S 22
- S 23
- M 24 □ 帮忙照看房子
- T 25 □ 帮忙照看房子
- W 26 □ 帮忙照看房子
- T 27 □ 帮忙照看房子
- F 28 □ 帮忙照看房子
- S 29
- S 30

一面三个月
——水平方向

我做的第一个年度计划用的就是这种布局。因为没有列出一个月的每一天,只是列出那些重要的日子,所以你会有更多的空间来罗列事件并添加相关的细节。

一月

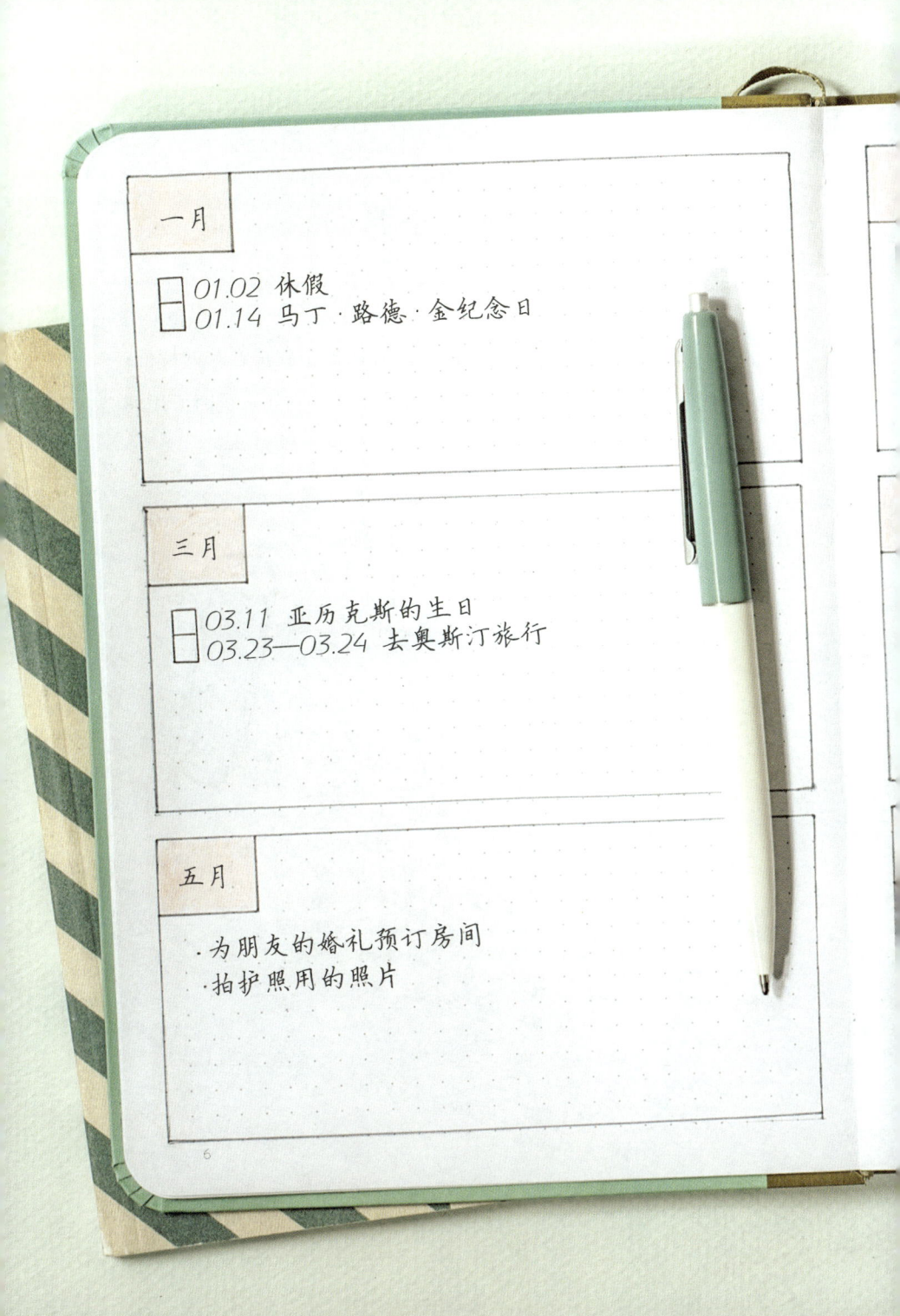

☐ 01.02 休假
☐ 01.14 马丁·路德·金纪念日

三月

☐ 03.11 亚历克斯的生日
☐ 03.23—03.24 去奥斯汀旅行

五月

· 为朋友的婚礼预订房间
· 拍护照用的照片

一面三个月
——垂直方向

这种由 4 面构成的年度计划具有前面两种布局中我最喜欢的特征：它是垂直分栏的，你可以在上面自己制作一个小日历，同时不用列出该月的每一天。

09

S	M	T	W	T	F	S
					1	2
	4	5	6	7	8	9
	11	12	13	14	15	16
	18	19	20	21	22	23
	25	26	27	28	29	30

- ☐ 09.04 劳动节
- ☐ 09.13 社团选举
- ☐ 09.15 朱勒的生日

10

S	M	T	W	T	F	S
1	2	3	4	5	6	7
8	9	10	11	12	13	14
15	16	17	18	19	20	21
22	23	24	25	26	27	28
29	30	31				

- ☐ 10.12 朋友的婚礼
- ☐ 10.14 返校

11

S	M	T	W	T	F
			1	2	
5	6	7	8	9	
12	13	14	15	16	
19	20	21	22		
26	27	28	29		

- ☐ 11.2

一面四个月

一面写 4 个月的计划是我最喜欢也是最常用的设计方法。它制作起来非常容易,只需要一把尺和一支笔。

九月

☐ 09.04 劳动节

十月

☐ 10.07 朋友的婚礼

☐ 10.14 返校

十一月

☐ 11.23 感恩节

十二月

☐ 12.04 奥斯汀的生日
☐ 12.07—12.10 朱勒来访

一面六个月

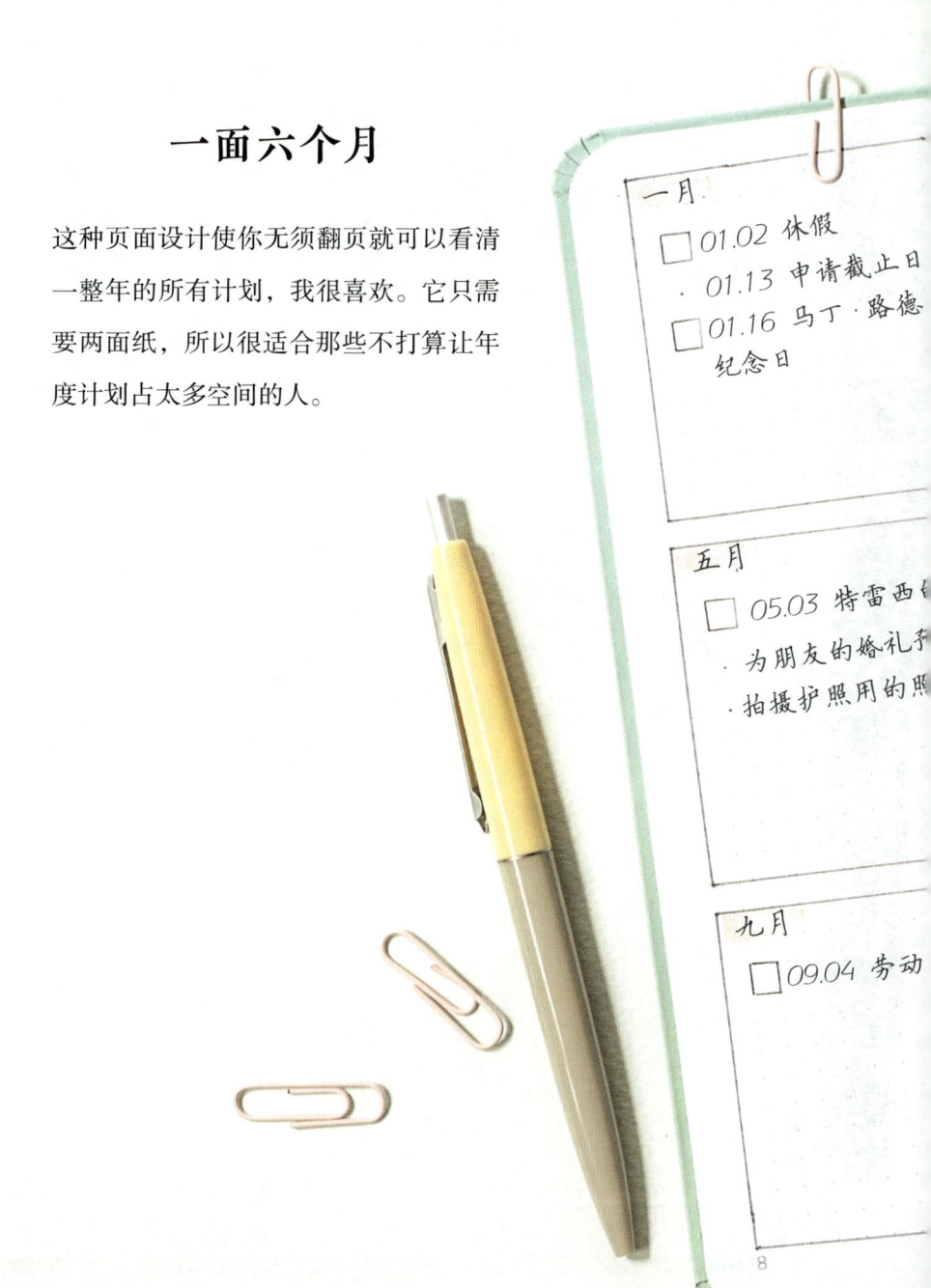

这种页面设计使你无须翻页就可以看清一整年的所有计划,我很喜欢。它只需要两面纸,所以很适合那些不打算让年度计划占太多空间的人。

	三月	四月
02.09—02.12 朱勒和奎因来访 □ 02.19 乔丹的生日 □ 02.20 总统日	· 03.13 把提案交给诺埃尔 □ 03.11 亚历克斯的生日 · 03.17 上传最终的提案 □ 03.23—03.26 去奥斯汀旅行	□ 04.08 会议 □ 04.12 会议 □ 04.24—04.2

六月	七月	八月
· 06.01 上传护照申请 □ 06.17 朋友的婚礼	□ 07.01—07.09 度假	□ 08.04—0

十月	十一月	十二月
□ 10.07 朋友的婚礼 □ 10.14 返校	□ 11.14 感恩节	□ 12.04

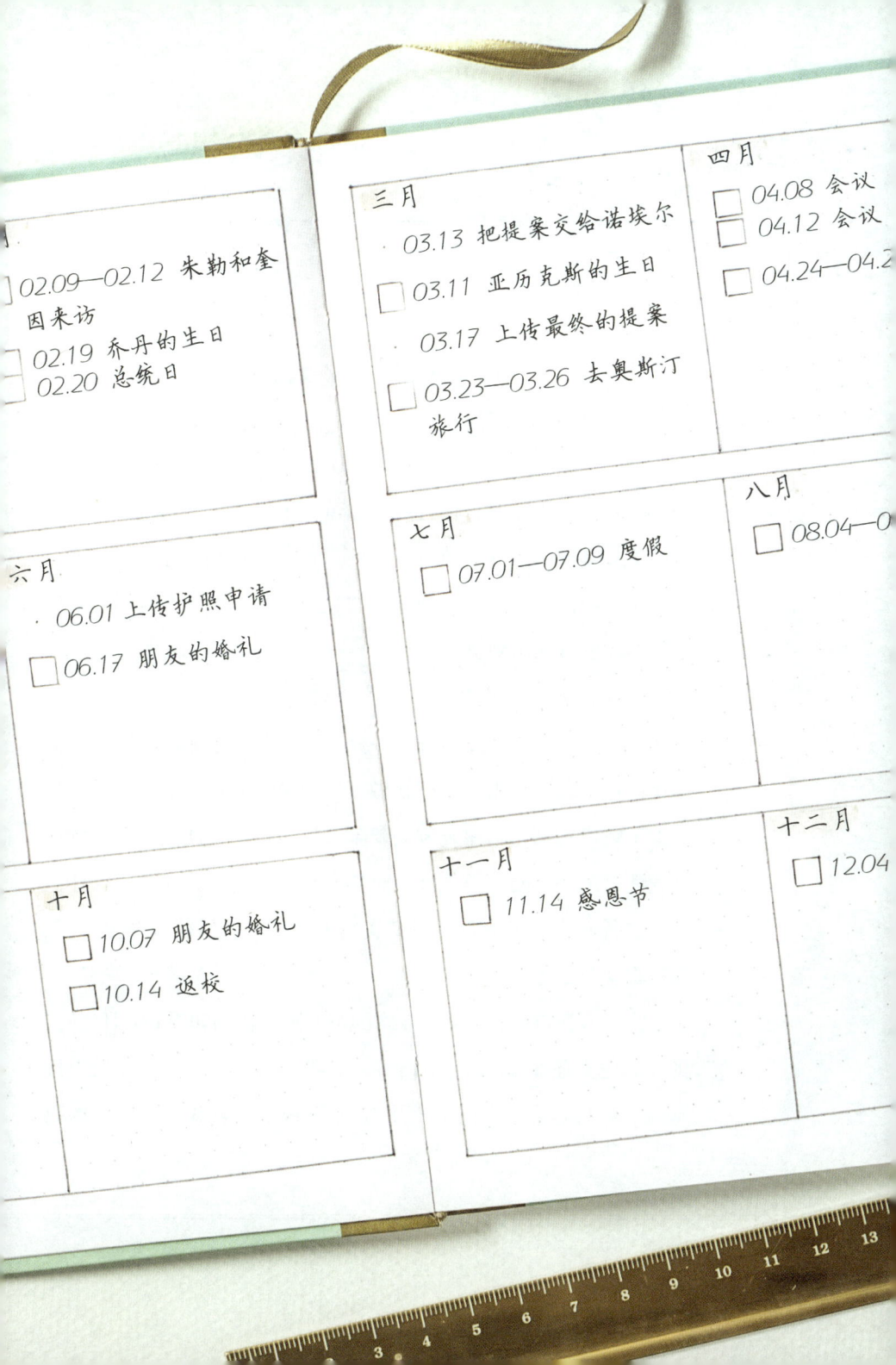

如果我的手账不足以
记录整年的内容，怎么办？

刚开始做手账时，你可能不知道一个笔记本能用多久。很多人的笔记本能用一年，但我差不多每三个月就能用完一个笔记本。所以我的建议是：先做好你的笔记本可以用到今年年底的计划。不过就算没用到也没关系。

以我为例，每次换笔记本时，我都会在新本子里重新设计一个年度计划。比方说，我希望每个手账里的阅读清单都能囊括今年读过的每一本书。所以在做今年的第二本手账时，我会把第一本手账里的阅读清单复制到新本子里，然后在此基础上继续记录我读过的书。对于其他涉及整年的计划和清单，我也是这样做的。这看起来比较麻烦，但其实只需要20分钟就可以完成。我很喜欢这个方法。

我不会强迫自己填满手账本的每一页。比如如果到6月底时，我的笔记本还剩下20个空白页，那我就会从7月1日开始直接换一个新的笔记本，因为我知道20页根本不够我写一个月的内容，而我又不想把一个月的内容拆分在两个笔记本里。当然，这只是个人偏好问题。如果你喜欢写满一个笔记本里的每一页，你可以在新的笔记本上把被一分为二的那个月的月计划复制过来。

去年12月时，我发现自己正处于一个两难的境地：我必须要换新本子了。如果没有意外的话，这个新本子应该可以用到第二年的1月或2月。然后我就意识到，要复制和更新那些时间跨度为一年的计划和清单非常不方便。于是我决定只在新本子上写12月这一个月的手账。我知道这样会使这个笔记本留下大量空白页。不过从长期来看，这样做有利于信息的整理。而且，意识到有很多剩余的空白页反倒激励我把这一个月的内容写得更多、更详细。我从一天写半页的手账，变成了一天写3~4页……所以这样做可谓双赢！有人会问：我能用别的方法吗？当然可以！

最重要的是：做你想做的就好。

仅仅事实、名字和日期，就能传递出比我们想象中多得多的信息。

——亨利·戴维·梭罗

美国作家、哲学家

第三章

月计划

现在我们来关注一下在做好年度计划以后需要做的月计划吧。月计划可以被设计成非常简单的月历＋任务列表的形式，也可以按每个月的活动随机增加或减少页面。月计划可以包括你需要在当月处理的事项（如"预约医生"或者"更新护照"），你需要在特定日期完成的任务（如"4月4日之前发送护照申请文件"），以及当月的目标和其他内容等。

我一般不会在我的手账里制作月计划页面。刚开始做手账的时候我的确做过，但我很快意识到我不会花时间去看那些月计划。所以现在只有当我有很多待办事项时才会制订月计划。不过这正是手账的迷人之处——你可以随时舍弃任何你不需要的内容而无须感到内疚。

如果你刚开始做手账，那么先做好当月的月计划就好，例如你是8月开始做手账的，那就只做8月的月计划。你可以到8月底再开始做9月的月计划，并把8月没有做完的任务顺延到9月去。

简单的日期列表
＋
任务清单

做月计划最快捷简单的方法就是在一面纸的左边把当月的日期自上而下排列好,然后在相应的日期后写下那些重要的事情,如旅行、生日、约会等。制作任务列表时,你可以使用我们之前提到的符号,比如点或"X"等。这时"移动"和"已安排"等符号就真正派上用场了。

九月

F 1
S 2
S 3
M 4 劳动节
T 5 19:00, 上课
W 6
T 7
F 8
S 9
S 10
M 11
T 12 19:00, 上课
W 13 20:00, 社团选举
T 14 照看婴儿
F 15 朱勒的生日，去华盛顿出差
S 16 去华盛顿出差
S 17 去华盛顿出差
M 18
T 19 19:00, 上课
W 20
T 21
F 22
S 23
S 24
M 25
T 26
W 27
T 28
F 29 上传报销单
S 30

待办事项：

· 去图书馆还书
· 为朱勒买生日礼物
· 预订去华盛顿的火车票
· 找个裁缝

任务清单 + 当月目标和事件 + 一个迷你月历

如果你想要在开始阶段按每周或每日制订计划（我会在后面的章节里进一步讨论），那么这种布局方法就是一个很好的选择。这种设计也适合那些用电子日历记录工作会议或者各种事件的人，我就是其中一员，因为我的公司极其依赖谷歌日历，而且我们的会议日期经常变动，用纸质的手账来记录每一个琐碎的工作事件有些不切实际。无论如何，这种版式设计能让当月任务、当月目标和重要事件一目了然，非常方便。

七月

S	M	T	W	T	F	S
						1
2	3	4	5	6	7	8
9	10	11	12	13	14	15
16	17	18	19	20	21	22
23	24	25	26	27	28	29
30	31					

任务
- 给有线电视公司打电话
- 买双新凉鞋
- 索要图书俱乐部的8月书单
- 跟进咨询委员会的进度
- 为聚会预约场地
- 更新驾照

事件
07.01—07.09 旅行
07.13 预约医生
07.22 听音乐会
07.25 看医生

努力工作
待人和气

目标
- 每天中午至少休息15分钟
- 准时上班

水平方向的单面月历

你可以把手账本旋转90度,从而使空间最大化,创建一个很酷的版面!如果你想一眼就看清楚整个月份的情况,又不打算记录很多事件,那么单面月历很适合你。而且如果需要的话,你还可以在月历的背面写下该月的任务、目标和各种想法,你可以横着写,也可以竖着写。

M	T	W	T	F	S	S
					发薪日 6	针织社团 7
	2	3	4	5		
休假				12	13	和阿里喝咖啡 14
8	9	10	11			
19:00，上课			19:00，上课			
15 马丁·路德·金纪念日	16	17	18	19	发薪日 20	21
			19:00，上课			
22	23	24	25	26	27	28
19:00，上课			19:00，上课			
29	30	31				
	19:00，上课					

> 如果我敢于变得强大，敢于运用我的能力去实现我的愿景，那么我是否感到害怕就变得越来越不重要了。
> ——奥德丽·罗德

目标
- 每周至少运动三次
- 读完两本书
- 每周给妈妈打电话

下个月
- 给亚历克斯买生日礼物
- 参加图书俱乐部举办的活动

水平的两面月历

如果你把手账作为最主要的日历，那么你很可能需要用整整两面纸来制作月历，这样你就能有足够的空间记下重要事件的截止日期和会议时间等。我在记录不同事件时会使用不同颜色的笔，这样我就可以很快找到特定的项目，而且页面看起来会很漂亮。当然你也可以只用一种颜色。

Mon.	Tues.	Weds.	Thurs.	Fri.
		1	2	3 发薪日！	4
6 19:00，上课	7	8	9	10 17:30，食品 救济处上班	11
13 19:00，上课	14	15 14:30，开会 19:00，上课	16 17:30， 校友会	17 发薪日！	18
20 生日	21 总统日	22 19:00，上课	23	24 17:30，食品 救济处上班	
27	28 19:00，上课				

"我应该用不同的手账本来记录生活中不同方面的事件吗？"

也许可以吧。

开始做手账以后，我发现有些人有多本手账：他们会有一个主要的手账本，同时还会用另一个本子来写日记或记录他们的副业。第一次看到这种现象时，我心里想，我好不容易适应了把我的工作、家事和日记等都塞进一个笔记本里，现在你却对我说我可以有很多个手账本？不，我甚至不屑于考虑这种可能性。首先我担心的是，除非我总是随身带着所有的手账本，否则我总有一天会拿错本子，在想记录一些事情时没有合适的笔记本——这会使我觉得之前对生活的整理是毫无意义的。而且，尽管我越来越喜欢买很多笔记本，但我从来都没想过随时随地带两个笔记本。不过，后来我意识到，我在这件事上的想法很大程度上受到一件事的影响：我没有自己的汽车。

如果你和我一样，每天通勤的时间在 90 分钟左右，而且要走很远去乘坐公共交通，那么你就不要想着随身带着两个笔记本了，因为这是完全没有必要的事情！但是如果这些手账本大部分时间都堆在你轿车的前座上，不用担心肩膀酸痛，那么拥有多个手账本对你来说是可行的。

如果你倾向于使用多个手账本，也许你会对另一种选择感兴趣：去买一个附有弹性绳子的手账外皮，这根绳子可以绑住多个笔记本。这种外皮是由一家有名的日本文具品牌推出的，叫作Traveler's Book（旅行者笔记本），它可以把多个笔记本合为一个，让你能在大部分时间随身带着所有这些笔记本。比如说，你也许会有一个工作笔记本、一个日记本、一个素描本，还有一个课堂笔记本——一本是空白页的、一本是横线的、一本是点格的——你可以用专业的外套把它们变为"一个笔记本"。

不管怎么说，就像和手账有关的每件事情一样，用几个手账本完全是你个人的选择，只要你喜欢就好。

第四章

月度习惯管理表

  习惯管理表是手账的一种使用方式,越来越多的人开始使用这一功能,同时它也是我最喜欢的功能之一。每当我给别人展示我的手账时,他们都会对习惯管理表大加称赞。因为它很酷啊,对吧?

  习惯管理表可以促使你设计出一些看起来很新颖的版式,同时它也是一种展示你个人目标进展的绝佳方法。你可以记录下那些你打算进一步尝试的事情,比如在家里做晚餐、散步、阅读等,还有你打算逐步少做的事情,比如吃快餐、骂人、喝太多鸡尾酒或网上购物等。

  我喜欢给自己设定一些每个月要完成的目标,所以制作一个以月为单位的习惯管理表很适合我。每个月只制订一份计划的话,我就可以花更多时间来设计它。你也可以制作一个以周为单位的管理表(或者同时以月份和周为单位),有些人还会制作以每天为单位

的管理表，用于管理自己每天摄入的水分和药物等情况。这些完全由你自己说了算！

对于理财投资、家务事和与健康有关的行为来说，习惯管理表特别有用。在后面的章节我们会详细讨论，现在我先介绍习惯管理表的几种设计方法。

水平管理
本月的所有习惯

我喜欢这种风格的版式,因为它能有效利用空间和点格,还可以一次管理多个习惯。比起其他布局,它在制作时需要你多花一点时间,但它真的很酷,而且用起来很顺手。

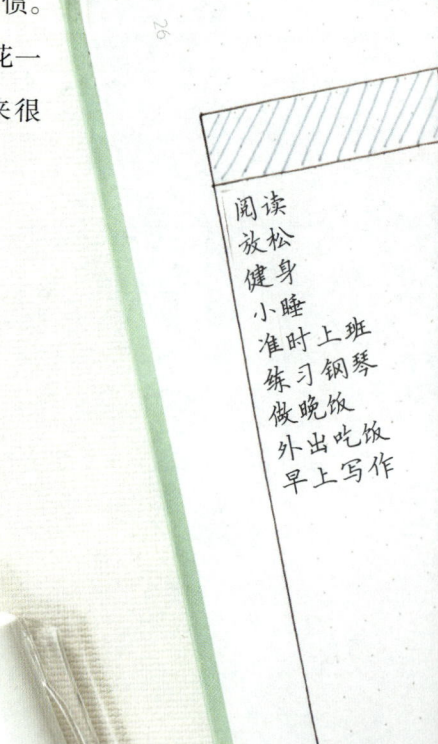

March Habits

S	M	T	W	T	F	S	S	M	T	W	T	F	S	S	M	T	W	T	F	S	S	M	T	W	T	F	S	S	M	T	W	T	F
5	6	7	8	9	10	11	12	13	14	15	16	17	18	19	20	21	22	23	24	25	26	27	28	29	30	31

垂直管理
本月的所有习惯

如果你想在一个页面看到所有的习惯，但又不想把本子横过来，那么你就可以采用这种垂直的布局，这也是我目前正在用的版式。

三月

	阅读	放松	健身	小睡	练钢琴	喝酒	外出吃饭	做家务
1								
2								
3								
4								
5								
6								
7								
8								
9								
10								
11								
12								
13								
14								
15								
16								
17								
18								
19								
20								
21								
22								
23								
24								
25								
26								
27								
28								
29								
30								
31								

用一个页面管理多个习惯

除了把所有习惯都放进一个表格，你也可以为每个习惯设计一个管理表格。这种设计更方便你浏览，也能帮你把想多做的事与想少做的事分开。只要你在某一天做了某件事，你就可以在管理表中把该日期涂上颜色，或者打个"X"。如果有几天是你不想或不需要管理的，你可以提前把那几天涂黑。这是一个很实用的设计，能让你一眼就看出自己的动态。

九月

无花销

1	2	3	4	5	6	7	8	9	10
11	12	13	14	15	16	17	18	19	20
21	22	23	24	25	26	27	28	29	30

健身

1	2	3	4	5	6	7	8	9	10
11	12	13	14	15	16	17	18	19	20
21	22	23	24	25	26	27	28	29	30

准时上班

1	2	3	4	5	6	7	8	9	10
11	12	13	14	15	16	17	18	19	20
21	22	23	24	25	26	27	28	29	30

练习钢琴

1	2	3	4	5	6	7	8	9	10
11	12	13	14	15	16	17	18	19	20
21	22	23	24	25	26	27	28	29	30

读书

1	2	3	4	5	6	7	8	9	10
11	12	13	14	15	16	17	18	19	20
21	22	23	24	25	26	27	28	29	30

在家吃饭

1	2	3	4	5	6	7	8	9	10
11	12	13	14	15	16	17	18	19	20
21	22	23	24	25	26	27	28	29	30

迷你月度习惯
管理表

如果你想管理的习惯不多,那么你可以直接在月历下面设计一个迷你的管理表。我很喜欢这种设计,因为它可以把一个月的所有内容都放在一页里。

	Mon	Tues
	1	2
	8	9
	15	16
	22	23
	29	30

Weds	Thur	Fri
3	4	5	6
10	11	12	13
17	18	19	20
24	25	26	27
31			

罗得岛

4 5 6 7 8 9 10 11 12 13 14 15

16 17 18 19 20 21 22 23 24 25 26 27 28 29 30 31

与手账有关的数字

12： 马克·奥勒留所写的《沉思录》的册数。《沉思录》写于公元 170 年到 180 年，是现存最早的日记。

381-384 AD： 公元 381 年至 384 年，一名叫伊吉丽亚（Egeria）的高卢朝圣者在旅途中不断写手账，并把它们作为信件寄给家乡的朋友。

1450： 在这一年，一名叫卢卡·兰杜奇（Luca Larducci）的意大利药剂师写了第一本现代日记。

176： 探险家路易斯（Lewis）和克拉克（Clark）在他们的手账里记录的不知名的植物和野花的数量。

15：查尔斯·达尔文在近 3 年的环球之旅中积累的笔记本的数量。后来，他称这些笔记本"决定了我的整个职业生涯"。

116 080：达尔文在上述笔记本里所写的字数。

15：《彼得兔》的作者比阿特丽克斯·波特开始写日记的年龄。她从 1881 年开始写日记，并一直保持这个习惯直到 1897 年。她在日记里使用了只有自己才能看得懂的密码。

1958：这一年，一个名叫莱斯利·林德（Leslie Linder）的人破解了波特日记的密码，使人们得以阅读她的日记。

10：《安妮日记》的作者安妮·弗兰克在 1942 年 6 月 12 日，也就是她 13 岁生日那一天收到的礼物数量，其中一个礼物就是一个日记本。

3 000 万：《安妮日记》自发行以来，在全世界卖出的册数。

91：欧内斯特·洛夫特斯上校（Colonel Ernest Loftus）保持写日记这个习惯的年数，他是这一吉尼斯世界纪录的保持者。

$3 080 万：列奥纳多·达·芬奇的 72 页笔记——《哈默手稿》在 1994 年一场拍卖会上的最终竞拍价格，买家是比尔·盖茨。

1988：英国作家布鲁斯·查特文在这一年在他的书《歌之版图》中提到了他的黑色小笔记本——圆角、有绑带、背面内侧有个小口袋。这种名为"moleskine"的本子颇受法国艺术家欢迎。

1 500 万：《BJ 单身日记》在全球卖出的册数。

74：布里奇特·琼斯在《BJ 单身日记》中一年内增长的体重磅数。

72：布里奇特·琼斯在一年内减轻的体重磅数。

第五章

周计划

越来越多的人开始在手账中设置周计划。事实上，很多人的手账都是以周为单位的。他们要么就根本没有日计划，要么就是把日计划的页面用来写日记。对于包括我自己在内的另一些人来说，周计划是一种高度概括，而日计划会更琐碎一些。如果你不打算每天早上都设计一个新页面，那么把大部分事情写进周计划是一个很好的选择。你只需要在每周一开始设计好版式就行了！周计划让手账真正开始耀眼夺目。我总是感叹，只要你能够创造性地利用好空间，你能把多少信息塞进一两个页面里啊。

两面多格设计

这种设计很受欢迎,因为它能容纳大量信息。如果你希望能有更多的空间写下每天的任务和事件,你可以删掉左侧下方的日记框,或者把它缩小。

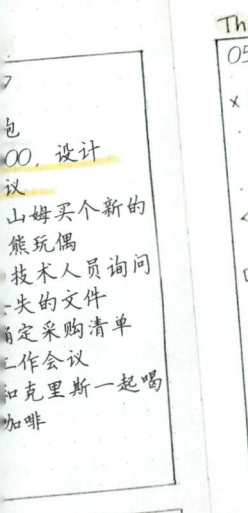

Thurs. 05.18	Fri. 05.19	Sat./Sun. 05.20
✗ 跟进丢失的文件 · 更新报告的标题页 · 给凯西发邮件 < 与总部确认电话时间 ☐ 10:30，开产品会议 > 把优惠券给特蕾西	☐ 7:00，上骑行课 ✗ 把优惠券给特蕾西 · 报名健身课 · 16:00，团队聚会 · 给总部发申请书 ✗ 计划野餐 · 会议海报	· 洗衣服 ✗ 和山姆一起远足 ☐ 晚上约会
		05.21 · 超市 · 换床单 ☐ 烧烤 · 丢垃圾

健身　　　| M | T | ✗ | T | ✗ | S | S |

放松　　　| M | T | ✗ | ✗ | F | S | S |

阅读　　　| ✗ | T | W | T | F | S | S |

走10,000步 | ✗ | T | ✗ | ✗ | ✗ | S | S |

在家吃饭　| ✗ | T | ✗ | ✗ | F | S | S |

根据事件类型分类

我很喜欢这种设计方式,它很适合那些没有很多东西可以写,或者想在视觉上区分私事和公事的人。

	家庭		工作
	☐ 准备干洗	MON. 15 MAY	☒ 11:00，喝咖啡 ☒ 15:45，开会
		TUE. 16 MAY	
	☒ 18:00，跑步俱乐部	WED. 17 MAY	
		THUR. 18 MAY	☒ 9:00，做好会议准备 ☒ 聚会
	☒ 18:00，跑步俱乐部	FRI. 19 MAY	☐ 截稿 ☐ 聚会
		SAT. 20 MAY	
	☐ 和阿里一起吃早午餐	SUN. 21 MAY	

复合型周计划

如果你觉得前面两种设计都很不错,既想区分出工作、学校以及家庭,又想有更多空间来写其他的内容,那么这种设计对你来说或许是一个不错的选择。

学校	家庭	待办事项
	·邮寄账单	·阅读经济学第14~19章 ✗ 写论文 ✗ 检查合同 ✗ 打印合同并签名 ·搜索缝纫课程 ∧ 找到原始版的出生证明 ·拍摄护照照片 ·报名健身课 ·把书带给凯尔 ∧ 我新的医生 ·为食品募捐制作海报 ✗ 兑换支票 ·给爸爸妈妈打电话 ·给朋友买贺卡 < 理发
11:00，经济学		
8:00，生物实验 9:00，生物学 11:00，女性研究	·健身	
9:00，经济学 21:00，学习小组	·8:00，理疗	
9:00，生物学 11:00，女性研究	·健身	购物 ·邮票 ·沐浴露 ·纱线
申请实习	> 去超市 7 19:00，照看婴儿	
	去超市 洗车	日记 — 经济学太难了，我讨厌它。 — 这周好冷啊。 — 星期二去生物实验室前去健身！
	·健身	

单面多格

这种版式为你记录每周事件和那些不用在特定时间做的事情留下了空间。你还可以用一个小的管理表、一段名言或者那些你想放进下一周周计划的任务来替代日记。

本周

S 8	12:00，志愿者轮岗
M 9	9:00，全体会议 15:45，与凯西开会
T 10	12:00，文章俱乐部 17:30，意大利面晚餐 19:00，上课
W 11	11:00，团队计划会议
T 12	10:30，产品会议 11:30，销售会议
F 13	19:00，开车回家
S 14	返校日

待办事项

- 洗衣服
- 给莱斯利寄感谢卡
- 去超市
- 确认照顾宠物的人
- 重新安排修理草坪的时间
- 买洗面奶
- 取现金
- 车上吃的零食
- 打印文件并签名
- 洗照片

日记

—在旅行前要做好每件事，很焦虑。

—阿里决定不参加返校日的活动了，所以我得独自开车。有个轮胎爆了，幸好是在家里发现的。

—我们输了，31-0，真是一场单方面的屠杀！

网格+迷你日历

我自己用的就是这种设计方式，我喜欢能够看到一周主要任务的版式。而且我发现如果把每周的各种任务区分开，我就能清楚地了解每周的全部任务。几周后，我会更改最下面两栏中的内容，或者会把它们简化为两格。每周日睡觉前我做的最后一件事就是制作下一周的周计划，它能帮助我从周末休息状态转换为工作状态。

june

S	M	T	W	T	F	S
				1	2	3
4	5	6	7	8	9	10
11	12	13	14	15	16	17
18	19	20	21	22	23	24
25	26	27	28	29	30	

工作

- 准备证书考试
- 安排凯莉的审核
- 确定汇报内容
- 联络人力资源专员

家庭

- 给植物浇水
- 邮寄护照申请书
- 确定照片框
- 给朋友送结婚礼物

事件

- ☐ 食品救济处工作
- ☐ 理疗
- ☐ 约看电影的时间
- ☐ 学校的阅读日

购物清单

- 喜帖
- 胶水
- 抗过敏药
- 垃圾袋
- 盐
- 火柴

"如果我写错了怎么办？"

注意：在做手账时，你肯定会犯各种错误。有些错误微不足道，有些则很严重。比如，在一页的抬头把时间写错了，或者是在你制作日历时写错了数字。出现这些错误总是让人心情不好，不过我发现了一些小窍门，可以帮你减少这些错误给你造成的麻烦。

1. 用修正带。修正带如此受欢迎是有原因的，它特别适合修改一些小错误，比如修改错字或者掩盖模糊的字迹。

2. 在写错的地方贴上好看的贴纸或者纸胶带。我们就假装它们从未出现过吧。

3. 用一张白纸覆盖住整个页面。找来一张白纸或者卡片纸，把它们裁成手账页面的大小，用胶水或者胶带黏在原来的页面上。然后你就可以在新页面上重新写下你想写的东西，或者你还可以写点别的东西，比如一些名言或者画一幅画，然后从下一页开始重新设计你的版式。

4. 把有错误的那几页黏在一起。这样一来，写错的那几页就不存在了。我们再也不要提它了。

5. 先用铅笔轻轻写下重要的内容和版式设计的细节等。你不是必须这么做，但是如果你是一个完美主义者又或者你容易犯错，这么做就是一个好主意。等你觉得页面看起来不错了，就可以用钢笔覆盖住铅笔的笔迹，再擦去铅笔的痕迹。注意：你一定要等到钢笔墨水干掉以后再去擦铅笔的痕迹。我性子急，所以经常把页面弄得一塌糊涂。千万别学我。

6. 撕掉页面时一定要小心。我发现，有些笔记本只要撕下来一页，其他页就会变皱或者变得松散，那就得不偿失了。

7. 随它去吧。要允许你自己继续前进。当我犯错时，我总会感到恼火。不过继续写几页之后，我就会彻底忘掉这件事了。

在日记中，我不仅能更加自由地表达自己，还在创造自己。日记是我承载自己的一种工具，它代表着我在情感上和精神上的独立。因此（唉），日记不仅记录我每天的日常生活，在很多时候，它还为我提供了另一种可能。

——苏珊·桑塔格
美国作家，艺术评论家

第六章

日计划

现在来说说有趣的东西：如何制作你的每日计划！你可能每天都要使用手账里的日计划，所以花时间找到一个适合你的版式设计是很有必要的。如果你没有很多时间用来制作日计划，那么简单明了的设计更适合你。如果你很享受创作的过程，并愿意为之付出时间和精力，那么一些更精美复杂的版式更适合你。当然，你可以在手账中尝试不同风格的版式设计，反正每一天都是新的一页！

我日常用的版式

我会用彩笔（通常是灰色的，不过有时候我会大胆一点，用橄榄绿或海军蓝）把日期写在页面的最上面，然后用黑笔在左边写下我所有与工作相关的任务和事件，在右边写下工作以外的任务和事件。偶尔我会画一个小框，用黑笔写公事，用灰笔写私事。这页纸就成了我全天的任务清单，有助于我保持有序和专注。到了晚上，在完成最后一项任务后，我会浏览下各行，用我写日期的笔写下"日记"二字。然后在下面写一些简短的说明，每段用"—"符号开头。写完当天的日记后，我就翻到下一页，在页面的最上方写下明天的日期，然后把我今天没有完成的任务挪到这一页。

02.13

- ☒ 全体会议
- ☓ 联系哈珀
- ☓ 完成汇报用的笔记
- ╱ 与凯尔一起开会
- ＞ 给志愿者发邮件
- ☒ 计划给诺埃尔打电话
- ＜ 预订团队聚会场地
- · 回复阿里
- ☓ 检查帖子

- ＞ 邮局
- ☓ 健身
- ☒ 上课
- ＞ 灯泡

日记：

— 今天早上上班前我先去了健身房，这就是胜利！在椭圆训练机上练了30分钟。我用了很大的力气，锻炼以后感觉很棒。

— 现在我真的被凯尔搞得很恼火，今天我们没有开会（凯尔病了，在家办公），所以我甚至都没法尝试诺埃尔推荐的新的沟通技巧。

— 今天下午我很不开心。

— 晚上的课程很有趣……我总算开心了一些，认识了新朋友。

— 山姆好像很生气，大概是因为周末走了太多的路。

— 回家的路上接到了泰勒打来的电话。我们聊了一会儿，很开心。

一面两天

除了把你的日计划设计成纵向，你还可以把它们写成横向的一个段落。这种方式占用的地方更少，你可以在下方继续写明天的日计划。这样的话一个笔记本就可以用更长时间。

> 我喜欢在晚上做每日计划，因为这样我就可以在第二天早上出门之前添加一些新的东西。这样一来，一到办公室我就能马上开始办公。此外，我发现只要在睡觉前写好明天要做的事情，它们就不太可能让我彻夜难眠。不过也有很多人喜欢在早上做手账和日计划。找到最适合你的方式，然后坚持做下去吧！

01.03

× 给阿里发邮件 | · 跟进哈珀 | · 制定预算会议的日期

· 注册参加证书考试 | · 更新健身房的银行信息

☒ 16:30, 团队聚会 | ☑ 17:30, 食品救济处工作

日记:

— 今天工作进展非常慢。收到了很多邮件,收件箱差不多满了。

— 工作的时候有一些时间可以给亚历克斯发信息,算是一种休息。想到明天晚上要和他的约会就很激动。

— 无法做到每天都去健身房,但是希望这个周末能去。

— 团队聚会太有趣了!我很久没去了,今天总算有时间了。

01.04

☐ 14:00, 缝纫俱乐部 | · 超市 | · 买药

按小时做计划

这种按小时进行分类的设计方式能让你写下全部的日程。而右边的空白空间你写什么都可以。我一般会在那里写一些今日任务和日记,不过你也可以在那里管理你的日常习惯,比如运动、喝水量、吃药时间等。

03.31

6
7 健身房冲澡
8
9 上课
10 ↓
11
12 和阿里一起吃午饭
1 评估课程
2 理发
3
4 做志愿者
5 ↓
6 和亚历克斯一起吃晚餐
7 照看婴儿
8
9 工作
10
11

任务
· 取钱
× 阅读第 8~13 章
· 接孩子
· 买卫生纸
× 给植物浇水
/ 给保险公司打电话

日记

—今天健身的感觉不好，我很晚才去，感觉很匆忙，不过不管怎么样……我做到了。

—亚历克斯和我这周都很忙，所以我们只是在一起吃了一顿晚餐。

—不太喜欢我的新发型……比我想要的短太多了。亚历克斯说看起来没问题，但是莱利说我看起来像朵蘑菇。>﹏<

一面多日

这到底是"周计划"还是"日计划"？你来告诉我！我觉得它是周计划，不过很多人会称其为日计划，所以我把它放在了这一章。不管你怎么称呼它，你可以在周日晚上做好所有的版式，然后再一天一天地填入信息，你也可以写完一天的计划以后，再写下一天的计划，这样能够最大限度地利用空间。

周一 03.20
× 偿还助学贷款
☒ 9:30，全体会议
☒ 15:45，和凯尔一起，开会
× 把文稿发给诺埃尔
> 买箱子
上传体恤的设计要求
给乔丹回电
— 昨晚做了噩梦，梦到亚历克一条鲨鱼攻击了
— 健身（跑步30分钟，练瑜伽30

周二 03.21
☒ 16:00，演讲
☒ 17:30，意大利面晚餐
× 买箱子
∧ 查看帖子
× 上传最新的预算
× 回复订婚派对邀请
— 阿里和我们一起吃意大利面
— 有一门课程要学习

周三 03.22
× 帮诺埃尔给航空公司打电话
× 交电费
× 查看帖子
∧ 回复帖子
· 跟进JT进度
— 7:30，健身

周四 03.23
- ☒ 10:00，产品会议
- ☒ 11:30，销售会议
- · 准备音频
- > 调整价格
- — 今晚和亚历克斯谈了一会儿，感觉很棒……我终于可以和我父母开诚布公了。现在我感觉好多了。

周五 03.24
- ✗ 把衣服送去干洗
- ☑ 16:00，团队聚会
- ✗ 调整价格
- · 发送设计反馈
- — 今天下午参加了评估会议。我本以为这纯属浪费时间，但事实上有很多收获。

周六 03.25
- ✗ 取干洗完的衣服
- ✗ 用吸尘器打扫地板
- > 打扫厨房
- > 打扫浴室
- ✗ 去超市
- ☒ 和阿里一起远足

周日 03.26
- ☒ 与朋友一起吃早中餐
- ☒ 19:00，瑜伽课程
- · 打扫厨房
- · 打扫浴室

现代日记之父

塞缪尔·佩皮斯（Samuel Pepys）是历史上最多产的日记作者之一。从1660年1月1日写了第一篇日记开始，他在9年的时间里一共写了3 102页日记，只有14天没有写日记。他生活在伦敦最动荡不安的年代：1665年爆发了瘟疫、1666年全城大火。在日记中，他以生动客观的笔触记录了当时的政治、时事和个人生活。

他的日记包含了很多宝贵的信息，其中一些让我震惊。1663年1月9日，佩皮斯把他妻子的日记撕毁并烧掉了，理由是他不喜欢"她用英语写作，内容绝大多数都是她的生活是多么的枯燥和无趣"。没错，这个以写日记出名的家伙毁了他妻子的日记，就因为他不喜欢她记录了一些关于他的真实事情。此外，在1666年6月3日，已婚的佩皮斯先生在日记里写下了他和马丁女士的私情："我被她所吸引，我很喜欢她。"而这只是他在日记里记录的众多偷情事件中的一个。我不确定哪件事更糟糕：是他背叛了自己的妻子，还是在日记里用蹩脚的法语记录下了所有的外遇。

第七章

在手账里写日记

在某种程度上,你的手账其实就是你的日记,虽然用简短的语句和符号快速地记录下事件似乎与你认知中的日记不太一样。不过,人们写日记的方式是随着时间的推移而不断变化的。虽然现在人们倾向于认为日记是一个隐私空间,我们应该把内心深处的想法一段一段地写下来,但其实这种观念是相当晚才形成的。历史学家马戈·卡利认为,在19世纪晚期之前,日记在美国是半公开的文件,人们(通常是女性)会写下他们家庭和社区的历史。"他们详尽地记录下组成他们一生的各种细节,包括出生、死亡、疾病、拜访、旅行、婚姻、工作和各种不同寻常的事件。"她写道。16、17世纪许多日记的格式看起来非常像现在的手账。

玛丽·维亚尔·霍利约克在1770年写的日记

4月7日　菲斯克先生下葬了。

23日　和厄佩斯先生一起去了托马斯夫人家,取来了床。

26日　给塞尔斯的外套镶了黄边。

27日　酿蜂蜜酒,参加聚会。

5月14日　我病得很厉害,医生给我放了血,吃了一片止疼药。

15日　一整天都躺在床上。

17日　我12个儿子中的一个病倒了。

19日　护士来了。万斯夫人去世了。

20日　孩子病得很厉害。我终于从床上起来了。

21日　孩子早上11点去世了。解剖。病根在肠胃当中。

22日　锻炼,皮克曼修女来了,昨天萨金特夫人来了。

23日　我亲爱的孩子下葬了。

28日　皮克曼、道斯小姐来家里喝茶。琼斯夫人、洛厄尔夫人、布朗夫人、考特南夫人、考特南小姐和加德纳小姐来看望我。

29日　萨维奇小姐病倒了。从5月25日到29日,寡妇沃德已经有两个孩子死于喉瘟。

和那个时期的其他日记一样,玛丽·维亚尔·霍利约克的日记里很少出现"我"字,而且在叙述时基本上不带什么感情,即使是在写她自己孩子的夭折时也是如此(在她的一生中失去了 12 个孩子中的 8 个)。但是到了 20 世纪,这种情况出现了变化。日记变得越来越以"我"为中心,虽然这种表达很有吸引力,但也有人争论说人们自我得太极端了。不管怎样说,手账刚好处于这两种风格的中间,这正是我喜欢它的原因。

下面我来介绍一些偏重叙述的现代日记写作方法,你可以在手账中参考这些方法来写日记。

我常用的日记版式

正如我在上一章所提到的,每天晚上我都会在任务栏下方写当天的日记。我一般都会用"—"符号来开头,不过如果我觉得某些事特别重要,我就会用事件符号(□)。有时候,我写得句子很短,比如"昨晚睡得很好",或者是"啊啊啊"。有时候,我会写很长的一段。这要看当天的情况。有时发生了一些重要的事情,但我没有时间在睡觉前记录下来,这时我就会空出写日记的空间(如果我知道会有很多话要写,我会空出更多页面),然后在第二天把这篇日记补上。我通常会在这篇日记前标一个"☆",表示它是后来补的。

02.12

- ☒ 洗了一大堆衣服
- ☒ 健身
- ☐ 朱勒和奎因离开了
- ☒ 配新眼镜
- ☐ 和亚历克斯外出

日记：

— 我的天啊！今天真是最冷的一天了。

— 比所有的人都起得早，快速地做了运动。

— 今天是朱勒和奎因在我们这玩儿的最后一天。奎因给我们做了鸡蛋、培根、饼干、手打鲜奶油配树莓。每样东西都很好吃。

— 把他们送到了火车站，然后就去了亚历克斯家。

— 出门配了新眼镜，应该会在一周内送来。

— 亚历克斯带我去克劳德餐厅吃晚餐。我以为这是我们8年前来喝酒的地方，结果不是。不过我也没有错得离谱……那家就在不远的拐角处。

— 我喝了三杯冰鸡尾酒（肉桂威士忌、姜汁啤酒和杏仁酒），吃了一块法式蘸酱三明治。它们都很不错，冰鸡尾酒配这个天气再完美不过了。

— 回亚历克斯家换了舒服的衣服。一起看了《盗梦空间》，我一直都很想看这个片子。

— 后来我们点了中餐当晚饭，看了一堆关于企鹅和南极风光的纪录片。

— 这真是很棒很棒的一天。

日记可以写什么？

如果你想写日记，但又不知道该写些什么的话，在一面纸上来列举出一些要点也许会对你有帮助。以下是一些你可以写进日记的事。

> 很多人发现，在日子不好过的时候自己很容易保持写日记的习惯，例如分手之后有太多苦恼的话可写，但是当诸事顺利的时候自己就没有写日记的动力了。我也一直是这么觉得的。但是，我喜欢手账的原因就在于不管当天心情好坏，它总是给我写日记的动力。不记录好的事情就意味着你会错过那些你生命中重要的内容，将来你会后悔的。

你可以写

今天发生的一件意想不到的事情是……

我不喜欢 X……

我今天想到的一个很棒的点子是……

我希望以不同的方式去做的事情是……

今天我无法摆脱的一个想法是……

今天我想到的一个人是……

今天我很感谢……

你也可以写月总结

如果每天写日记对你来说有些困难，那么你可以试试写周记或者月总结。月总结可以让你反思自己的感受，并为未来可能发生的事情做好心理准备。你可以回顾以前的日记，这有助于你回忆在这个月做过的所有事情，你也可以从以下几点建议中获得灵感。

◆ 我这个月学到了什么？
◆ 我这个月完成了什么？
◆ 这个月有什么让我吃惊的事？
◆ 这个月的哪一天是最美好的？
◆ 这个月哪个人在我的生命中扮演了重要角色？
◆ 最糟糕的是哪一天？
◆ 我后悔做了哪件事？
◆ 我开始做什么事？我停止做什么事？
◆ 下个月我想实现什么目标？

№ 05.17

　　这个月我开始进行 Beta Fish 项目。这件事是我一直以来都想做的，但它比我预想的更有挑战性。我以为申请加入这个项目已经够难的了，但是老天——那只是开始。我希望我能在事前就知道这将消耗我多少心力，那样这个月我就不会去食品救济处做志愿者了，或者我就不会帮朋友准备婚礼了。唉，我真是累坏了。

　　这个月有不少心情低落的时候。首先，我回到家后，居然发现山姆和达科塔睡在了一起，在我的家里！在我的床上！Beta Fish 项目的启动会议也很难搞。我的压力太大了，在孩子们面前发了脾气。我向每个人道了歉，但还是感觉很尴尬。这个月最美好的时光就是参加朋友的婚礼彩排。虽然准备的过程让人很恼火，不过这个美好的结果让之前所做的一切都值得了。他们是很般配的一对，我在派对上见到了新郎一大家子人。我为下个月的婚礼感到激动，我太爱他们两个了，迫不及待地想看他们结成连理。

　　下个月我估计 Beta Fish 项目会占用我更多的时间，这就意味着我陪伴亚历克斯和山姆的时间更少了。真是糟糕。但是我希望他们能明白这个项目对于我有多重要，我也希望他们能支持我。我想重新开始用牙线。这是一件小事，但对我来说意义重大。

独立的日记版块

如果你不想把每天的任务清单和日记混在一起,那么你可以从本子的中间部分开始写日记。写完那天的日记,你就可以把那一页的页码写进当天的任务清单里,有点像一本书的尾注。这个方法对于那些每周写很多日记,和想使用很多个笔记本的人来说也非常实用。

周四
06.13

- ✗ 帮凯西喂猫
- ☒ 10:00，产品会议
- ☒ 11:30，营销会议
- ☒ 17:30，校友聚会
- < 确定会议日期
- ✗ 查看帖子
- / 去银行
- > 买垃圾袋
- > 预约图书俱乐部的书
- ▶ p46

06.12

- ✗ 今天早上做了理疗，我感觉自己终于有了些进步。
- — 今天的会议太戏剧化了。莱斯利在 Beta Fish 项目问题上的立场非常强硬，哈珀很生气，感觉自己受到了冒犯，而莱斯利居然连眼睛都没眨一下。
- — 我的新鞋子终于到了。麻烦总算要过去了。
- — 昨晚做了梦，梦到我成了一个湖的救生员，湖里全是海豚和小马。

06.13

- — 今天做的第一件事就是去凯西家喂猫。我倒不介意做这件事，因为她的公寓太美了。
- — 我喜欢早一点去喂猫，接下来我就可以一边喝咖啡，一边读书了。
- — 今天的天气很好，坐在那里，我感觉心情很平静。
- — 今天穿着新鞋子去上班，它们太漂亮了。
- — 早上，两个资历较浅的职员之间发生了一件奇怪的事情，我得想办法解决，我想我找到了正确的方法。
- — 山姆还是情绪波动得很厉害，我不知道怎么办。希望周末我们去参加朋友的婚礼时一切顺利。

"在做手账时，我应该要多诚实呢？"

我的建议是：完全诚实。

请注意，我的意思是：如果你写下的并不是完整的真实情况，当错误的人读到你写的这些文字时，你可能会受到伤害。如果你是因为难为情，或者担心未来的你会怎么看现在写下的东西，我建议你还是坦诚为好，尽量记录下更多的细节。这也适用于你的任务清单和未来目标。你要诚实地记录下你想要完成或者不想完成的事情。

最近，我重读了高中和大学时期写的日记，我惊讶地发现，对于那些重大时刻我并没有记录太多细节。那时，我以为在很多年以后我也能清楚地记得那些人是谁。可是，我真的完全不记得了！也有一些情况我是故意写得很含糊，而现在我完全不知道自己当时写下的东西是什么意思。确实，在我过去的日记里有些诚实的记录让我深感羞愧，想到它们我就会脸红。不过，我这辈子至少做过一些让自己脸红的事情！在回首往事时感到难为情，但同时也确信自己已经成长，这才是重点所在。

另一方面，我也建议你别太刻板地看待真实性。多年来，我给自己定了很多刻板规则。比如，我必须在事情发生的当天把它记录下来，要么就完全不写；我不能在以前的日记里添加额外的细节，即使是错误，也不能修改；如果我引用某人的话，就必须一字不错（这意味着我基本上从不引用别人的话）。但是这类限制会让你感到窒息，导致你放弃写日记。事后看来，我真希望自己能早点意识到世界上并没有什么"日记警察"，而这些"规则"都是我自己编出来的，除了我自己没有人会在意或遵循。

　　最近，我惊讶地发现，一些世界最著名的日记都曾被作者大幅修改过。例如，安妮·弗兰克在写日记的两年后，开始回过头来编辑她以前写下的日记，因为她从电台广播中听到，荷兰的某位流亡人士想要出版一些关于战争的第一手记录。虽然安妮不断地写下新的日记，但是在1944年8月被捕前，她已经重新编辑了近2/3的日记。她所做的修改和增补为后来的读者提供了背景脉络，使她的日记更像是一本故事书。这就充分说明：没有一本日记在第一次撰写时就是完美的，绝大部分出版的日记都曾被编辑和修改过。

安妮日记（原始版）

今天早上水暖工没有来，我们都很高兴。他那个从德国回来的儿子现在又要回德国了，因为他收到了另一封征兵令。今天来的是列文森先生，他帮库格勒先生烧水，这令我们很不安，因为那个人就像水暖工一样，非常了解这幢房子，所以我们必须像老鼠一样安静下来。

安妮日记（修改版）

这些日子这里变得非常安静。列文森是一个个头矮小的犹太化学家和药剂师，在厨房里帮库格勒先生干活。他非常了解这幢房子，所以我们总是害怕他突然来旧实验室看上一眼。我们像小老鼠一样安静。三个月前，谁能想到极其活泼好动的安妮将会一动不动地坐上好几个小时，而且她竟然做到了？

"我担心别人会看我的手账，然后发现一些我并不想让他们知道信息。"

  幸运的是，我成长在一个无须担心有人会偷看我日记的家庭。我的母亲非常尊重我的隐私，她说她绝不会偷看我的日记，我知道我是可以信任她的。但我错误地以为每个人都抱有和她一样的想法，在五年级的某一天，我的表妹偷看了我的日记，还撕掉了提到她的那一页。我感到无比的震惊和愤怒。对我而言，偷看别人的日记是一种极大的侵犯。

  从此之后，我觉得我有必要告诉身边的每个人：日记是个人隐私，偷看日记是一种极其不可原谅的行为。如果你偷看了我的日记，看到上面写了你不喜欢的内容，你也不能因此对我发火。

  当然，并非人人身边都是尊重彼此界限和个人隐私的人，所以你在开始做手账时，担心隐私的问题是很正常的。这里有一些窍门，可以让别人避开你的手账。

1. 如果你的手账是私密的，请告诉你的室友/伴侣/孩子。有些人看到某个未曾见过的本子就会想：哟，这是什么？然后打开它，在还没明白这究竟是什么之前，他们就可能意外地发现了一些他们不该发现的事情。所以，你要让大家知道："这是我的手账！如果你敢碰它，我就会砍掉你的手。"

2. 在不能随身带着手账的时候，如果你觉得把它锁起来会让你更安心，那就锁上吧！那些纸上记录的是你的真心话，你有权保护它们。

3. 小心谨慎。想象一下，如果你自己把手账本遗忘在了厨房的桌子上，打开的页面上正好是在痛骂那个和你住在一起的人，并且被那个人看到了……反正我是绝不允许这种情况出现的。

4. 用代码写作。放心，我不是说为了保证隐私，你必须去学习精灵语……但是如果你懂古北欧语、猪圈密码或者是速记，那就好好利用它们！如果你懂某种外语，你也可以用它来写作。当然，这些方法骗不过美国中央情报局，不过足以让那些窥探你手账的讨厌鬼失望而归。

5. 不要把你的手账变成禁果。我认为，我身边的人之所以对我的手账不感兴趣，原因有二。一是在现实生活中，我就是一个非常诚实的人，所以大家觉得没有更深入了解我的必要。二是我并没有把手账当成我全部秘密的藏身之处。说到底，放松一些吧。

"但是如果我想与别人分享我的手账，那该怎么做？"

你不是第一个有这种想法的人！数百年来，日记在一定程度上是公开的。在维多利亚时期，父母经常阅读女儿的日记，有时候还会在上面写下他们的评论。《小妇人》的作者路易莎·梅·奥尔科特和她的姐妹们会大声朗读自己的日记。寄宿学校的女孩子们有时候会聚在一起写日记，然后分享她们所写的内容，以此作为增进感情的方式，有时她们甚至会在对方的日记里写东西。

尽管我不会把我的手账交给别人阅读，不过我偶尔会大声朗读其中的一些内容，或者时不时地把旧日记拍成照片发送给我的朋友。我的一位朋友发现，当她和丈夫出现严重分歧的时候，如果她把自己的想法以书信的形式写在日记里，然后大声读给他，对他们双方都有好处。所以，如果你觉得诸如此类的事情适合你，那就去做吧！

  你也可以采取彻底公开的方式。众所周知，列夫·托尔斯泰和他妻子索尼娅在 42 年的婚姻中相互公开日记。这会不会影响他们日记里的内容和写日记的方式呢？毫无疑问，会的。托尔斯泰是否在索尼娅的日记里读到一个家庭里的三姐妹爱上了同一个男人的故事，然后将其作为《战争与和平》中罗斯托夫一家的原型呢？答案自然是肯定的！不过既然他们愿意以这样的方式共享日记，那么我们这些外人又有什么好评判的呢？

第八章

健身和减肥计划

手账非常适合记录与健身有关的任务和活动。此外我也喜欢用手账来记录那些我可能会忽略掉的日常琐事。随着年龄的增长,我越来越关注睡眠、服药、咖啡因和酒精摄入量等事情。把头疼、心烦、焦虑、愤怒等状况记录下来有助于我发现其中的规律,因为它们有可能是某些更加严重问题的征兆。而且,当医生问我什么时候发现这些状况的时候,我就可以打开手账查看具体的时间了。

本章介绍的习惯管理方法是基于临床心理医生安德鲁·博尼奥尔博士和出色的健康记者(也是我的朋友)安娜·博尔格斯的观点开发而成的。这种方法能够激励你,使你更容易坚持自己的目标,有利于你的生理和心理健康。"当你的生活和情感十分混乱时,把它们组织成一个系统的结构非常有益于健康,"博尼奥尔写道,"以一种舒适的方式把事情整理出来,会让你觉得它们是可以控制的。这是一种奢侈的感觉。就像是说,我是宝贵的,我值得用这个笔记本和时间去把生活变得更美好。"

月度综合管理表

月度综合管理表把之前提到的月度习惯管理表提升到了一个新的层次，让你能在一个页面里看到所有的内容。使用那种方法，你就可以看清你所做过的（或者没有做过的）事情与你的情绪之间的联系。

首先，划出一个空间来记录你的生理感受，包括头痛、恶心、睡眠状况和食欲等。其次，你还可以在这里记录你的习惯和行为，不论是好的还是坏的。比如，酒精摄取量、睡眠时间、看电视的时间、咖啡因摄取量、服药量、运动时长等。最后，你还可以记录你的心情：愤怒、沮丧、敏感、难过、专注、分心和快乐等。这样做有助于你发现什么事情可能会影响到你的心情。博尼奥尔说，仅仅是认清你的情绪就非常有价值，这样你就不会忽略这些感受或自我否定它们。你要承认，你的感受是真实的。

在这个月度综合管理表中记录你的心情时，你可以简单地涂上颜色或者在方框里打"√"。你还可以给你的情绪打分，1分意味着有点这种感觉，5分意味着这种感受非常强烈。或者你还可以用某些缩写符号，表示"在另一页我会更加详细地解释我的感受"。然后你就可以在日记版面或者单独留出来的页面上详细记录你的感受。

mind + body

T	F	S	S	M	T	W	T	F	S	S	M	T	W	T	F	S	S	M	T	W	T	F	S	S	M	T	W	T	F	S
1	2	3	4	5	6	7	8	9	10	11	12	13	14	15	16	17	18	19	20	21	22	23	24	25	26	27	28	29	30	31

睡眠记录表

睡眠是我所有健康生活的基础。我发现,在非常疲劳的状态下,我是不可能做到健康饮食或者进行锻炼的。所以,制作睡眠记录表对于了解我的睡眠状况非常有帮助。你可以用这个表格记录你入睡和起床的时间以及你打过的盹,并在第二天记下你的感受。

睡眠记录表 七月

```
      1 2 3 4 5 6 7 8 9 10 11 12+
T  1
F  2
S  3
S  4
M  5
T  6
W  7
T  8
F  9
S  10
S  11
M  12
T  13
W  14
T  15
F  16
S  17
S  18
M  19
T  20
W  21
T  22
F  23
S  24
S  25
M  26
T  27
W  28
T  29
F  30
```

60 分钟

15:00，喝咖啡

54

每日健康记录表

这是一种以天为单位,关注你的生理和心理健康的方法。你可以用这种相对简单的方法来替代大型的月度健康记录表。这种方式可以让你每天都从一个全新的页面开始。对于那些只要错过了一次锻炼或者吃了一顿不健康的饮食就垂头丧气,想要放弃的人来说,这种方式尤其有益。

周四
05.16

任务

✗ 去上课
✗ 12:00~16:00，工作
· 准备考试
· 练习瑜伽

身体

✗ 8:30，吃药
— 保证6小时睡眠
— 小憩三次
— 2杯咖啡

情绪/心理

— 堵车的时候感到疲惫、焦虑。
— 逃掉瑜伽课后很愧疚。
— 亚历克斯发来的短信让我很
　开心。

日记

食物记录表

只有你和你的健康顾问知道记录你的饮食是否适合你。因为对某些人来说,这可能导致过分痴迷于记录饮食。不过,如果你只是想更加留意你的饮食习惯,那么这个食物记录表有助于你实现这一目标。当然,这个表格不是为了过度分析你吃的每样东西。你应该适当地加入你的情绪和一些背景描写,比如当时你有多饿,吃饭的时候是否有压力,进食是否让你感觉更糟糕……这个表格能够帮助你发现自己的进食规律,从而更容易使你的身体获得营养。

食物记录表

食物 | 日记

06.06
燕麦粥配蓝莓
牛排沙拉　　　　　　　　在桌边吃的
冻酸奶　　　　　　　　　有压力、疲惫
爆米花 + 葡萄酒

06.07
煎蛋卷配菠菜
苹果
黑豆汤
冻酸奶　　　　　　　　　匆匆忙忙在桌边吃的
3 杯啤酒
2 片比萨　　　　　　　　工作茶歇时间吃的

全年运动记录表

这种表格可以让你看到自己的全年运动记录。它并不细致,但是很有趣,你可以看出运动和出汗的频率。你也可以用它来记录某项特定的锻炼,比如跑步或者瑜伽。如果你想记录更多特定的信息,你可以使用不同的颜色来标注不同的运动类型、运动时长或者运动距离(在右侧的示意图中,我喜欢用蓝色标注跑步,用粉色标注瑜伽)。如果想在某个特定的月份进行专门的锻炼,比如周二和周四去参加的某个特定的健身课,你可以提前在那些日子下划好线,然后在结束锻炼后打"√"。

全年锻炼记录

1月 / 2月 / 3月 / 4月 / 5月 / 6月 / 7月 / 8月 / 9月 / 10月 / 11月 / 12月

月度运动记录表

如果你想更详细地记录你的锻炼情况,那么这种月度表格可能更适合你。它细化到每周的每一天,这样你就可以准确地记录你做过什么运动,以及你花了多少时间。

6月运动记录表

		日	一	二	三	四	五	六
06.04—06.10	跑步（千米）	6			8			10
	有氧运动（分钟）							
	重量训练	手臂腹部	腿部	手臂腹部		腿部		
06.11—06.17	跑步（千米）	3		5				
	有氧运动（分钟）		30			45		45
	重量训练	全身		全身				
06.18—06.24	跑步（千米）		5				5	
	有氧运动（分钟）				30			
	重量训练	手臂腿部		腹肌	手臂腿部		腹肌	
06.25—07.01	跑步（千米）		6					5
	有氧运动（分钟）				30	45		
	重量训练	全身		手臂腹部	腿部		全身	

诊疗记录表

每次诊疗结束后，你可能会有很多想法，但诊疗之后没几天你就记不住大部分内容了。所以博尼奥尔建议，你可以将诊疗过程中谈到的内容记在手账中，总结你想要记住的主要教训和事情，写下你的医生要求你在家里完成的事情，以及你希望在下次见医生时提出的问题。

诊疗记录表

总结

要记住的事情

棘手的事情

下一次见医生时想问的问题

发泄之地

写日记对你的心理健康很有好处。不过有时候，有用的反思会变成有害的反刍。博尼奥尔建议，我们要给自己设定一个限制（比如只写半页或者一页，又或者限时 20 分钟），这样一来，当你写下那些使你难过的事情时，就不会深陷其中，难以自拔了。如果已经到了你设定的界限而你还想写下去，她建议，我们可以换个想法，而不是继续发泄。你可以想想看：明天我该怎么做才能解决这个问题？你的行动步骤甚至可以是：如果明天我还是很难过，我就再给自己 20 分钟继续写下去。

让人恼火的事情

01.05

现在又水逆了吗？到底怎么回事？看看今天的糟心事：

——山姆把我的公寓弄得乱七八糟。

——叔叔不停地在脸书上发一些攻击性文字。

——凯西还欠我 30 块钱，我觉得她一直在躲着我。

——吵闹古怪的邻居。

在日记里,你会发现,你在那些今天看起来难以忍受的境况中生活过,四处环顾过,并记录下了观察的结果。你会发现,当时写字的手正是今日握笔的手。我们变得更睿智,正是因为我们能够回顾从前的处境。也正是因为这个原因,我们必须认可在纯粹的无知中坚持努力的勇气。

——弗兰兹·卡夫卡

第九章

创意清单

虽然很喜欢那些精心设计的手账版面，但我还是一次又一次地采用老式的清单样式。因为它们的功能实在太多了，有效且实用，容易制作也容易阅读。如果你灵感枯竭，制作清单一个不错的起点。

我经常会在手账的前几页制作一些清单。你可以在任何你喜欢的地方制作清单，然后一点一点添加内容。比如，在上一本手账写到一半时，我开始列一个清单，内容是我准备在每周会议上与经理讨论的事项，这样我就不会忘记重要的事情了。如果在会议上，经理交给我一个项目，或者是某些需要跟进的事项，我也会把它们添加进那份清单。后来我发现，写下清单的那张纸不够用了，所以我又在几页之后重新列了一份清单。

不做某事的清单

我觉得，在满是任务清单的手账中制作一个"不做某事"的清单很有价值。这份清单可以提醒你自己赞成什么，反对什么。如果你正在为实现某个目标而努力奋斗，或正在改正某个坏习惯，那么这个清单对你很有帮助，它可以说明你是谁，以及你在某个特定的时间里在意什么。

"不做……" 清单

- 不要整晚都看网上那些没有营养的东西,然后第二天还为自己的疲劳感到奇怪。
- 不要自我贬低。
- 如果看到一些不好的或者不公正的事情,不要保持沉默。
- 不要总是把别人想得很坏。
- 不要害怕争取自己想要的东西。
- 不要指望有会魔法的独角兽来帮你解决问题。你要自己动手解决它,就算它很难。
- 不要拿自己的生活和网上那些人的生活比较。
- 不要让"对不起"成为自己的口头禅。
- 不要跟那些思路不清的人争论。
- 不要撒谎。
- 不要穿不舒服的鞋子。

感恩清单

很多做手账的人会制作感恩清单。专家说,提醒自己所拥有的一切会增加自己的满意度。感恩清单有一种非常简单的设计方法,就是在页面一侧把当月的每一天都列出来,然后每天晚上至少写一件你感恩的事情。

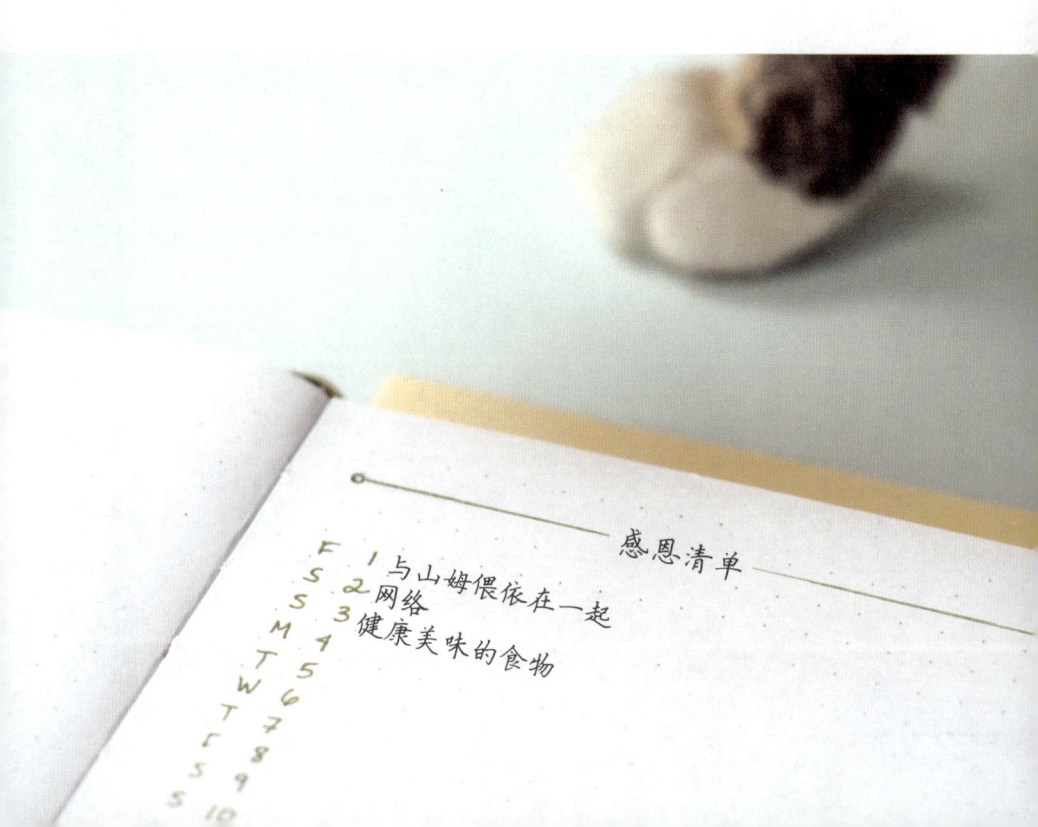

生词清单

在读书时每遇到一个不熟悉的词语,我总是会停下来查字典。我发现,有时我至少要查 2-3 次才能真正记住这个单词。所以把新词记下来既便于查看,又有助于我学习并在年底的时候回顾这些词语。如果你每次在公开场所要说一些发音很难的词语时会很慌乱,那么你也可以制作一个你想要记住其发音的词汇清单。

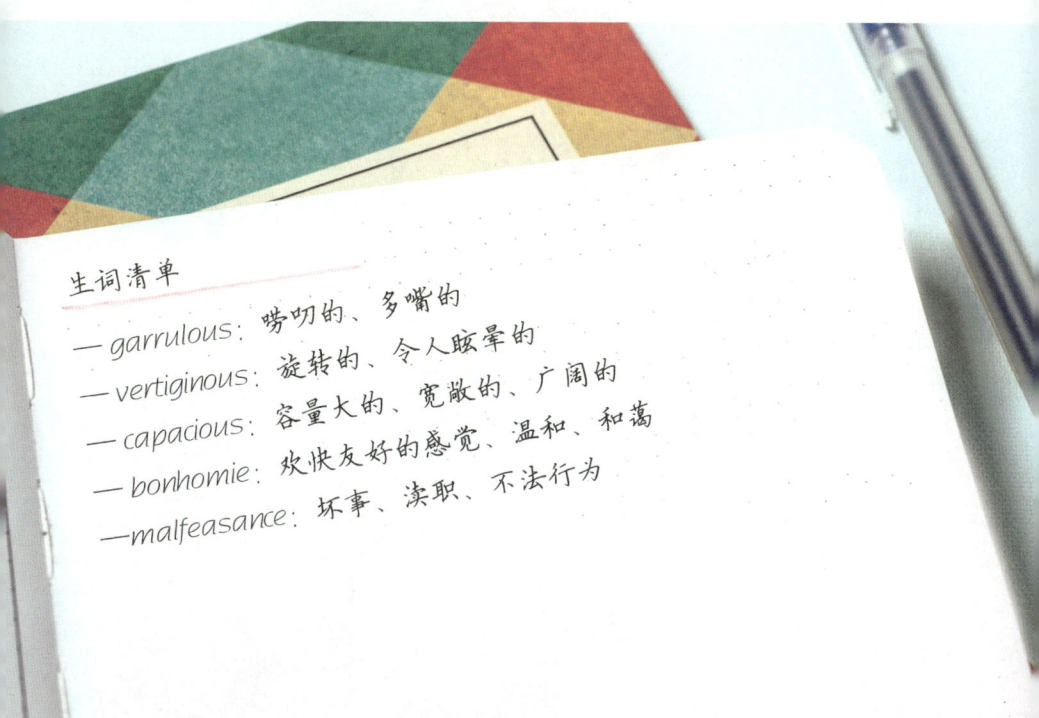

生词清单

— *garrulous*：唠叨的、多嘴的
— *vertiginous*：旋转的、令人眩晕的
— *capacious*：容量大的、宽敞的、广阔的
— *bonhomie*：欢快友好的感觉、温和、和蔼
— *malfeasance*：坏事、渎职、不法行为

购物清单

手账非常适合列购物清单。我会在稍后更详细地介绍购物清单，我发现，在我去商场或者是在亚马逊网站购物之前，这份清单非常有用。

要买的东西

药店 + 商场

× 漂白剂
× 电池
× 垃圾袋
× 棉球
／牙膏
× 信封
× 邮票

亚马逊

· 木工黏合胶
× 木胶
× 浴帘
× 浴帘杆
· 拖把垫
· 蜡烛
· 活页夹
· 新水杯

等我有钱的时候

· 吸尘器
· 冷萃咖啡机
· 智能插头
· 新拖鞋
· 透明玻璃茶壶

图书清单

我一直都很喜欢读书,所以我每本手账里都有一个记录今年我读过的书的清单。当我开始读一本新书时,我就会把书名添加进这份清单。等我读完后,再补上我读完的日期。你也可以制作一份"今年想读的书"清单,如下图所示。

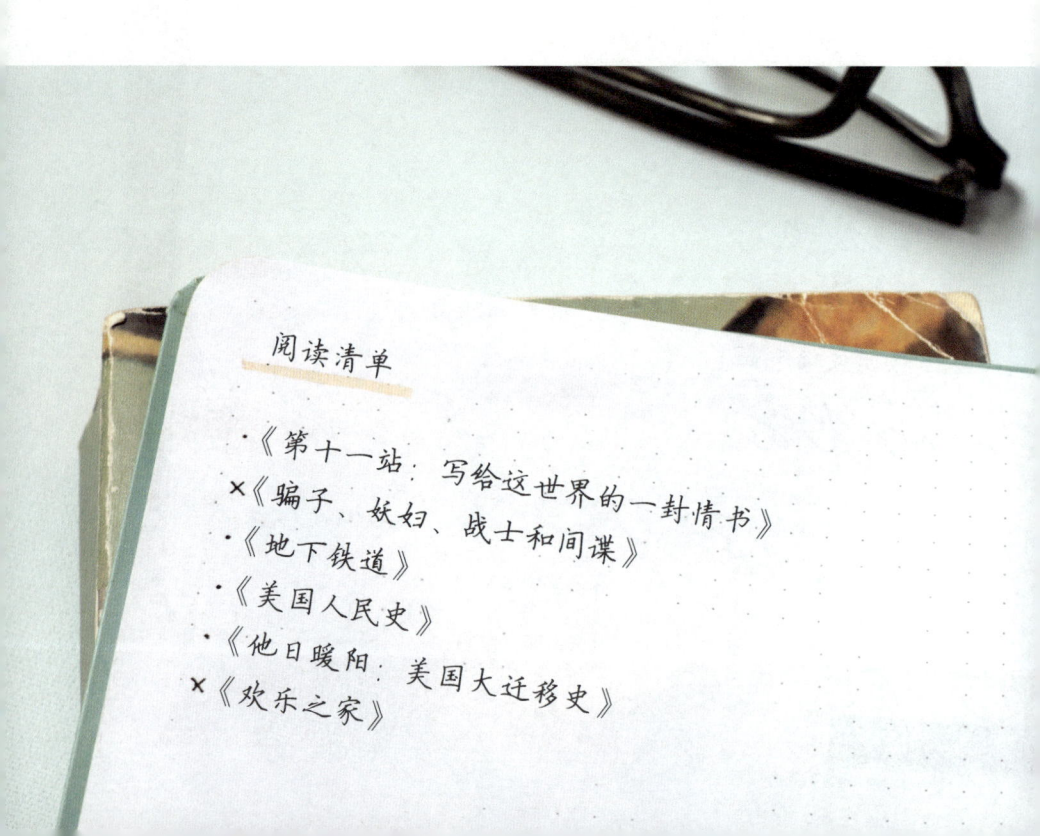

阅读清单

- 《第十一站:写给这世界的一封情书》
- × 《骗子、妖妇、战士和间谍》
- 《地下铁道》
- 《美国人民史》
- 《他日暖阳:美国大迁移史》
- × 《欢乐之家》

阅读进度管理表

如果你要花很多时间来读一本书，那么你可以制作一个使你的阅读进度变得可视化的管理表。此外如果你需要同时阅读多本书，这也是一个不错的选择。

摘录簿简史

在文艺复兴时期和现代早期,有一种被称为"摘录簿"的日志在学生、学者和阅读爱好者之间流行起来。根据哈佛大学图书馆的记录,"一本摘录簿包含了一些重要的或者有名的段落,这些段落以某种方式被复制和组织起来,通常被冠以论题性或者主题性的标题。摘录簿是储存信息的一种方式,让编辑人员在其著作中使用这些信息"。

摘录簿起源于 14 世纪,当时的名字是 zibaldone,这在意大利语中是"一堆东西"的意思。在印刷技术还未普及的年代,这种方式有助于人们组织大量信息。人们用摘录簿收集了不同主题的文章,包括宗教、哲学、法律、科学和爱情。虽然有些人会把想要珍藏的段落从书中剪下来,贴在他们的摘录簿里,但最理想的做法是在摘录簿里把所有的内容重新抄写一遍。哈佛大学和牛津大学会提供制作摘录簿的课程,有时甚至是必修课。哲学家约翰·洛克非常肯定摘录簿的价值,他在 1706 年还出版了一本名叫《制作摘录簿的新方法》的书,里面特别详细地介绍了索引的制作方法，以便更好地组织一本摘录簿。这听起来是不是很耳熟？

不管怎么说，你现在可以把手账称为你的"一堆东西"，而且如果某人觉得你做手账很傻或者纯粹是在浪费时间，你就可以用约翰·洛克的态度和摘录簿的历史给他好好上一课了。

电视连续剧清单

现在,电视已经成了我们文化中非常重要的一个部分,所以给它制作一份清单是很有必要的!而且这个清单非常实用,特别是对于那些季播的节目,以及那些有很多集的连续剧。比如,两年前我就不再看电视剧《公园与游憩》了,后来无意之中又被后面几集吸引,但是现在我完全不知道当时看到了哪集。如果我当时把所有看过的集数都记下来就好了。

电视剧清单

《地球脉动》　　　　　✗ ✗ ✗ ✗ ✗ ✗ ✗ ✗ ✗ ✗

《地球脉动》第二季　　✗ ✗ 3 4 5 6 7

《黑镜》　　　　　　　✗ ✗ ✗ 1 2 ✗ ✗ ✗ ✗ 3 ✗ 5 6

《处女情缘》
　　　　　　　　　　　1 2 3 4 5 6 7 8 9 10 11 12 13 14 15 16
　　　　　　　　　　　17 18 19 20 21 22 23 24 25 26 27 28 29 30 31 32
　　　　　　　　　　　33 34 35 36 37 38 39 40 41 42 43 44 45 46 47 48
　　　　　　　　　　　49 50 51 52 53 54 55 56 57 58 59 60 61 62 63 64
　　　　　　　　　　　65 66

《我爱上的人是奇葩》　✗ ✗ ✗ ✗ ✗ ✗ ✗ ✗ ✗ ✗ 11 12 13 14 15 16
　　　　　　　　　　　17 18 19 20 21 22 23 24 25 26 27 28 29 30 31 32
　　　　　　　　　　　33 34 35 36

美容保养清单

我把这类清单归于"时间胶囊"类:不是说它现在没有用,但在将来回顾起来会更有意思。想想看,当你翻阅一本旧相册或旧年鉴的时候,最能引起你注意的是什么?是发型、眉毛、妆容和服装。所以说,记下来你洗头、洗澡和化妆的频率,以及你在这些事情上花的时间和你用的产品,对于未来的你来说是一件有趣的事。

美容保清单

清洗 / 保养

- 护肤水（白天 + 晚上）
- 乳液（晚上）
- 冲澡前干刷皮肤（晚上）
- 冲澡后涂椰子油
- 刷牙（白天 + 晚上）
- 牙线（晚上）
- 晚霜（经常）

也许有人天生丽质，但我不是

- 遮瑕膏（*Bye Bye Undereye*，棕色）
- 眼影（*Memebox*）
- 眼线笔（美宝莲，棕黑色，也可以用来画眉毛）
- 睫毛膏（*Doucce Punk Volumizer*）
- 腮红（*e.p.f.*，皇家玫瑰色）
- 蜜粉饼（亮色）
- 唇彩
- 整个流程：10-12 分钟

感觉开心 / 沮丧时可以使用：

- 睫毛膏（欧莱雅）+ 睫毛夹
- Dr. G. 去角质啫喱（隔几周用一次）
- *Goodal* 水分饱满面膜（在去角质啫喱之后使用）
- 身体乳（特殊情况下使用）
- 凝胶美甲

引用

　　有些人喜欢收集和引用给人启发的名言，而另一些人则不喜欢引用，除非他们发现某条名言非常完美地说出了他们的心声，使他们从不同的角度看待世界，或者帮助他们度过了一段艰难时光（我就属于这种人）。也就是说：其实名言适合所有的人，即便你是一个极度愤世嫉俗的人，会一边读这一段话一边摇头。

　　如果你是第一次做手账，你可以空出几页，逐条写下你看到的名言。你也可以把名言添加进你的日记版面。我的 2017 年第一本手账就是以玛丽·奥莉薇的一首诗《邀请》开始的。在 2016 年的手账中，我抄写了沃桑·希雷的诗歌，这位女士的诗歌是碧昂斯《柠檬特调》专辑的重要组成元素。等我把希雷的书还回图书馆之后，这份清单就成了一个重要的参考资料，它也代表着希雷的诗歌和《柠檬特调》对我个人的影响。

"I know, and I speak from experience, that even in the midst of darkness, it is possible to create light and share warmth with one another; that even on the edge of the abyss, it is possible to dream exalted dreams of compassion; that it is possible to be free and strengthen the ideals of freedom, even within prison walls; that even in exile, friendship becomes an anchor."

— Elie Wiesel

My pen has power.

— Shonda Rhimes

Above all else, guard your heart, for everything you do flows from it.

— Proverbs 4:23

成就清单

我开始做第一本手账的时候，专门制作了一个"2016年的重大成就"清单。不过"重大"一词似乎是个很高的标准，所以我很少往这份清单里添内容。到了年底，我做了个决定，2016年的最后一篇日志的内容应该是我在过去12个月里获得的所有成就，无论它们是否有资格列入我最初设想的"重大成就"的清单。于是，在新年的晚上，我坐下来，开始翻看2016年所写的全部手账，在里面寻找成就，不管是重大的还是微小的。我在手账中用不同的符号和颜色标记事件的做法对于完成这个任务极其有帮助。

今年是个垃圾年，所以我没有期待能找出太多的成就。不过到头来，我足足写了4页纸，都是今年发生在我身上的好事，有些微不足道，有的就非常重大，有的则有点傻乎乎。总而言之，这些好事使我感觉愉快、自豪，充满希望。这是一种度过新年之夜的完美方式，也是我推荐你写手账的最好的理由。我在今年所写的每一笔都像是过去的我送给未来的我的一份礼物。

我很期待在明年的新年前夕延续这个做法。顺便说一句，虽然列出所有的成就是件很棒的事，但你也可以为各方面的成就分别制作清单：创造力方面的、金融方面的、健康或者减肥方面的、事业方面的等等。绝大多数人都没有花足够多的时间来庆祝自己取得的成就，为什么你不参与进来，努力改变这一点呢？

成就清单

— 朋友来访
— 成为 2 月的最佳员工
— 理发效果很好
— 买了件漂亮的条纹棉 T 恤
— 跟奶奶学着做香蕉布丁
— 终于买了新的内衣
— 制作了简历
— 得到了一本有科尔森·怀特黑德亲笔签名的书
— 学会了缝纽扣
— 拒绝了我不想参加的婚礼
— 往储蓄账户里存了 500 美元
— 见了亚历克斯的父母
— 给我投票支持的国会女议员打了电话
— 罗得岛之旅
— 找到了新工作
— 管理层同意员工把小狗带到办公室来！！！
— 婉拒了领导岗位
— 熬过了热瑜伽课程
— 熬过了和多位亲戚一起吃晚饭
— 得到了植物园的会员卡
— 参加了同学聚会，非常有趣
— 亚历克斯和我经历了许多次感情危机，但没有真正分手

第十章

财务计划

如果你是那种特别善于理财的人，就根本不需要我来向你解释为什么你应该在手账里记录你的财务状况。我曾经是一个不善于理财的人，但我最终下定决心，把所有的支出都记录下来：我的贷款、发放贷款的机构、每笔贷款到期的时间以及各网站的用户名和密码。我发现：把所有东西都写在一个地方确实是一个转折点，它有助于我控制这种巨大的压力。突然之间，所有的债务好像都变成可控的了。事实也的确如此。

年度账单管理表

如果有条理和产生效益是你做手账的目标之一，那么你会发现，将所有的账单列在一张表上非常有用。表上可以记下每张账单的名称、金额和每个月的还款日期。如果每个月的付款金额是不同的，你还可以制作一个单独的子表单，如右图下半部所示。

2017

账单	到账日	金额	J F M A M J J A S O N D
贷款	1 日	1 359	× × ×
HOA 应付款	1 日	186	× ⊗ ×
汽车贷款	10 日	390	× × ⊗
助学贷款 1	15 日	146	× × ×
助学贷款 2	20 日	288	× × ×
保险	28 日	112	× × ×
电话费	30 日	79	× × ×

VISA: 每月 1 日还款

J	F	M	A	M	J	J	A	S	O	N	D
$113	$120	$304	$109								
×	×	×	⊗								

一般消费: 每月 28 日还款

J	F	M	A	M	J	J	A	S	O	N	D
$23	$22	$23	$24								
×	×	×	×								

水: 每月 30 日交费

J	F	M	A	M	J	J	A	S	O	N	D
$24	$22	$24									
×	×	×									

⊗ = 本次未按时还款

月度预算表

如果你想要在手账里做预算,那么你就需要一种更健全的表格。这种表格可以分成不同的类别,还可以添入预算和实际花销,以及一些额外的开支。如果你想要记录更多细节,或者你的财务状况特别复杂,那么这个表格可能会占用更多的页面。你也可以用这个表格记录别的开支,比如食物或者购物。

每月开支管理表

	日期	项目	预算金额	实际金额	折扣券
日用类	4/2	第一周采购	$100	$104	
	4/9	第二周采购	$100	$87	
	4/16	第三周采购	$100	$93	
	4/23	第四周采购	$100	$97	
		总计	$400	$381	
外出用餐	4/7	咖啡店早餐		$8	
	4/11	聚会		$14	
	4/21	外卖		$12	
	4/29	晚餐约会		$45	
		小计	$50	$79	
各类账单	4/1	房租	$950	$950	
	4/1	网络	$80	$80	
	4/10	加油	$60	$48	
	4/15	电	$25	$30	
	4/15	水	$25	$23	
	4/15	信用卡	$200	$200	
	4/18	贷款1	$175	$175	
	4/30	贷款2	$260	$260	
		小计	$1775	$1766	
娱乐	4/5	逛超市		$87	
	4/8	电影		$15	
	4/22	Zappos		$65	
		小计	$150	$167	
意外支出					
		小计	$200	$0	
			$2575	$2393	

储蓄管理表

无论你是为了某个特定的事情存钱,还是只想增加你的储蓄,以可视化的方式呈现你的存款额度非常有激励效果。一个单元格可以代表 5 美元,也可以代表 50 美元。

$150	$300	$450	$600	$750	$900
$100	$250	$400	$550	$700	$850
$50	$200	$350	$500	$650	$800

假期存款额度

债务管理表

债务会给你很大压力，还会让你感到羞愧。不过，制作一个可视化的表格来管理债务，并庆祝你取得的每一个进展是非常有效果的。你也可以用这个表格记录你存下的钱。

助学贷款

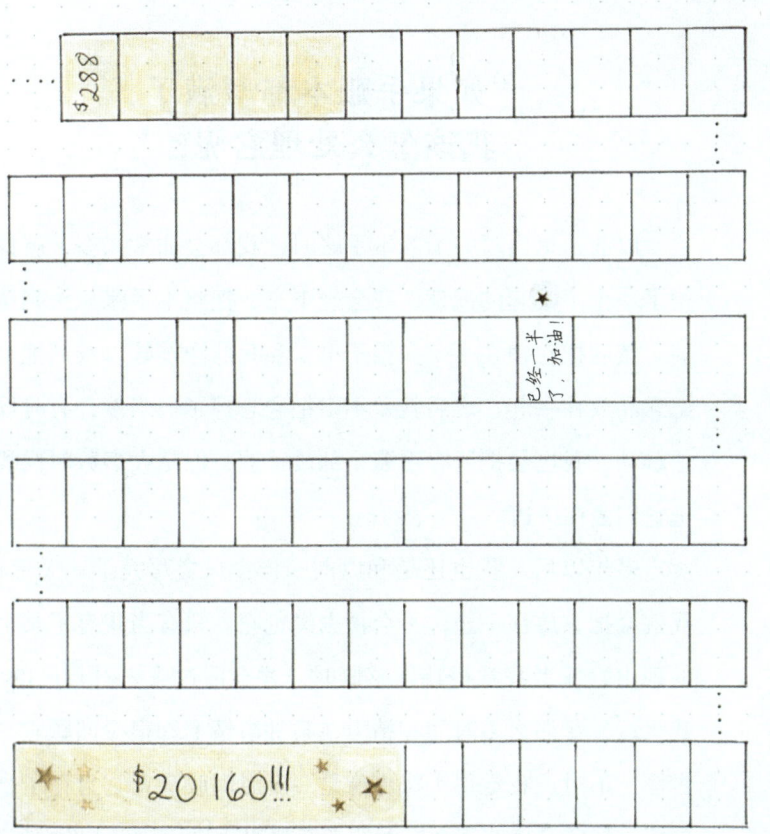

$288

已经一半了，加油！

$20 160!!!

"如果手账本都写满了，我该怎么处理它呢？"

以前，每当写完了一本手账时，我都会非常兴奋，就像是取得了一个了不起的成就。我会坐下来，把整本手账从头到尾读一遍。然后把它锁在一个大箱子里，和我的洋娃娃以及其他重要的纪念品放在一起，之后就差不多把它忘掉了。当然，有时候受到了触动，我也会把所有手账全部读一遍，但是大多数时候我只是把它们丢在一边。

多年以后，我也还是和以前一样：只要写完了一个笔记本，我就会把它放在一边，不会再去浏览它。只有当我有了某个特殊的理由，或者我觉得特别感慨时，才会回过头来看自己的手账。我承认，花那么多时间和精力在某件事情上却很少回顾它，有些古怪。不过，我觉得手账更像是一个时间胶囊：它封存了当下的事情，然后等待在某个遥远的未来被阅读。

所以，你该怎么处理你的手账呢？我喜欢"放好它，忘掉它"的做法（你要在本子上写好年份和起止日期）。如果你担心别人会看到你的手账，可以把它们锁起来。如果你担心它们着火或者被水淋湿，可以考虑各种保管方式或把它们数字化。如果你喜欢重读这些手账，你可以为此设计一个定期的仪式，比如在你生日时或者新年前夕。

有时，你可能会想要毁掉某本旧手账。我能理解你的想法，但是我不建议你这样做。首先，你对那本手账的感受在未来可能会发生变化，未来你可能觉得很遗憾没有保留它。也许现在重新阅读这本手账会让你觉得痛苦，但那份痛楚会在未来的某个时间段逐渐消退。即使没有消退，试图逃避所有的痛苦或者试图毁掉你在最糟糕时期的所有生活痕迹，也并不是一个最好的做法。我有好几本想一把火烧掉的手账，但是我没有这么做，我只是把它们放在一边，眼不见心不烦。我发现，忘掉它们其实是件很容易的事。

当一本手账写满了，它就完成了我需要它完成的事情，我觉得它可以退休了。

我不怕自己在日记里是个无趣的人。我写日记可不是为了取悦别人。

——戴维·塞达里斯
美国作家

第十一章

家务计划

不管你对于做家务有什么想法,做完各种家务活的感觉还是很棒的。洗干净一堆很脏的盘子,或者把你衣橱里的东西好好整理一番,确实让人感到满足。不过这绝对不会比在你的任务清单上划掉那项任务更令人满足。我想,仅仅是在任务清单上列出一些未做的家务活,就足够激励人心了。

年度家务活管理表

这种表格非常实用有效。你可以轻松地记录各种家务活,并且可以把所有内容都写在一页里。对于那些并不需要经常做的家务,你可以在月份栏里填上颜色,一旦做完了,就做个记号。为了包含每周的家务活,你可以把方框一分为四,每次完成了家务活,就在相应的小格里做一个记号。我发现,最简单的方法就是把左上角的方框设定为第一周,然后顺时针做记录。

家务活管理表

	1 2 3 4 5 6 7 8 9 10 11 12
洗/换床单	
洗/换毛巾	
清洗浴缸	
刷马桶	
清洗浴室的水槽和合面	
扔垃圾	
扫地/拖地	
清理冰箱	
清理冰箱内部	
擦洗厨房的水槽/炉子/灶合	
处理邮件和文件	
清理百叶窗	
清理吊扇	
洗被单	
洗毛毯	
洗内衣	
家具除尘/吸尘	
清洗镜子	
清洗门把手	
清洗开关面板	
擦拭踏脚板	
清洗洗碗机	
清洗瑜伽垫	
清洗垃圾桶内部	
转动床垫	
清洗洗衣机和烘干机	
整理食品储藏室	
整理浴室柜子	
整理衣柜	
清洗窗户和窗合	
打扫家用电器后面并吸尘	
吸尘	

每周家务活管理表

如果你想更细致地管理家务活,可以设计一个记录每周要做一次的家务活管理表。

> 如果你在手账里不断把某件家务事往后拖,你就可以用你不喜欢的颜色把它标出来。这不仅使你难以忽略它,而且你也不希望在你精心设计的页面出现碍眼的东西。这最终将成为你做完那件该死的事情的动力。

		洗衣服	换床单	换毛巾	清洗浴室	清洗浴盆水槽	清理马桶	清理厨房	拖地（厨房）	拖地（门厅）	除尘	扫地	吸尘	处理邮件	换猫砂	洗车	倒坑圾	旧物送回收站	整理房间
一月	1	×	×		×	×	×							×	×		×	×	×
	8	×	×	×	×	×	×							×	×		×	×	×
	15	×	×		×						×			×	×		×	×	×
	22	×	×		×	×								×	×		×	×	×
	29	×	×		×									×	×		×		
二月	5	×	×	×	×	×	×							×	×		×	×	×
	12	×	×		×		×			×				×	×		×		
	19	×	×		×									×	×		×	×	
	26	×	×		×	×								×	×		×		
三月	5	×	×		×		×		×		×			×	×		×	×	×
	12	×	×		×	×								×	×		×		
	19	×	×		×									×	×		×	×	
	26	×	×	×	×									×	×		×	×	×
四月	2																		
	9																		
	16																		
	23																		
	30																		
五月	7																		
	14																		
	21																		
	28																		
六月	4																		
	11																		
	18																		
	25																		

我上次做……是什么时候?

我喜欢这个家务活管理表的原因是它能回答一个我一直在问自己的问题:我上次做这个是什么时候?右图的例子是一些你不用经常做的家务活,但是你也可以用这个表格来记录那些你需要每周都做的家务活。此外,你还可以用它来记录和健康有关的事情:我最近一次注射流感疫苗是什么时候?上次看牙医是什么时候?上一次检查胆固醇是什么时候?如果你很容易觉得有压力或者有其他心理问题,使得你无法处理好你的家务活,这也是一个不错的选择。看着这一页,发现从你上一次翻页到现在已经两个月过去了,这或许有助于你认识到自己正处于一个低谷期,或者它能鼓励你去与朋友联系,并寻求他们的支持。

我上次做……是什么时候

洗 / 换床单   1/7/17   1/29/17   2/5/17   2/26/17   ____

洗被单   2/5/17   ____   ____   ____   ____

拍打床垫   11/19/16 ____   ____   ____   ____

处理邮件 / 文件   12/31/16 2/4/17   ____   ____   ____

换牙膏   2/11/17   ____   ____   ____   ____

清洗洗衣机 / 烘干机 12/31/16 ____   ____   ____   ____

换机油   1/16/17   ____   ____   ____   ____

换空调过滤网   8/5/16   ____   ____   ____   ____

基本家务活管理表

我希望我能说出应该多久清洗一次我的洗碗机,但事实是我并不知道。如果你和我一样,那么你就可以试试这种表格,当你不清楚什么时候该做哪些家务活时,你就可以查看这个表格。如果你想让布局更有创意,可以把这份表格放在左边的页面上,然后把"我上次做……是什么时候"放在右边。

基本家务活管理表

每周

- 洗/换床单
- 清洗浴缸/浴室
- 刷洗马桶
- 清洗浴室水槽
- 洗衣物
- 除尘
- 扫地/拖地/吸尘
- 清理家用电器
- 丢掉冰箱里过期的东西
- 整理房间
- 刷厨房水槽
- 处理邮件和文件

每月

- 给百叶窗和吊扇除尘
- 清理冰箱
- 给家具除尘
- 清理镜子、门把手和开关面板
- 擦拭脚踏板
- 清洗洗碗机
- 清洗微波炉
- 清洗垃圾桶内部

每3-6个月

- 180度转床垫（每季度）
- 清洗洗衣机和烘干机
- 整理食品储藏室
- 整理浴室柜子
- 打扫窗户和窗台
- 擦拭家用电器
- 整理衣柜

"我很焦虑,在这里自我倾诉能够让我平静下来,就像是一边对自己喃喃自语,一边侧耳倾听。"

——米娜·默里
《惊情四百年》

第十二章
饮食计划

我对于饮食、采购和烹饪的感受每个月都在变化。有时候，我觉得去杂货店购物很有趣，想要尝试新的菜谱和不同风格的饮食和各类蔬菜。而另一些时候，我会觉得这件事非常无聊，而且使我筋疲力尽，我宁愿吃奶酪玉米饼、外卖或者从办公室的零食储物柜里寻觅一些点心。不过，即使是在这样的时期，人类也不得不摄入食物，所以提前规划好吃什么食物是我们获得身体健康和平和心态的基石。无论你是否是健康饮食派，下面的表单都有助于你做好饮食计划。

简单的饮食计划表

有时候,饮食计划可以是非常简单明了的:你只需要写下你要吃什么,什么时候吃。右图这种格式十分高效。

饮食计划

	早餐	午餐	晚餐	点心
Mon. 4/10	麦片粥	金枪鱼三明治 + 炖菜	香肠 + 甘蓝 + 豆子汤	奶酪鹰嘴豆 + 皮塔饼
Tues. 4/11	麦片粥	蔬菜汤	墨西哥卷饼	苹果
Wed 4/12	鳄梨吐司	蔬菜汤	意大利面 + 色拉	奶酪条 + 苹果
Thurs. 4/13	鳄梨吐司	金枪鱼三明治 + 炖菜	炒菜	爆米花 + 苹果
Fri. 4/14	奶油吐司	烤肉	比萨	希腊酸奶
Sat. 4/15	出去吃早中餐	出去吃早中餐	剩菜	苹果 + 奶酪条
Sun. 4/16	鸡蛋 + 培根 + 煎饼	鸡蛋沙拉三明治	土豆炖肉	爆米花

饮食计划 + 购物清单

如果你想把购物清单也纳入手账之中，可以采用右图这种简单干净的设计方式。在购物清单里，圆点表示"需要这个"，"X"表示"家里有这个"。你可以在清点冰箱里的东西或在商场把东西放进购物车时做这些标记，你也可以在这个表格里记录已经用完的东西。比如，你的鸡蛋吃完了，你就可以在"X"下面画线或者画圈。如果你用光了的东西不在清单上，你可以把它加在最下方。在制作下一周的饮食计划时，你可以浏览一遍前面的清单，确保不会遗漏任何东西。

饮食计划

周一	鸡蛋 + 面包片 鸡肉沙拉 烤鸡配蔬菜 干酪配水果
周二	麦片粥 鸡肉沙拉 意大利面 爆米花 + 杏仁
周三	牛油果配鸡蛋 黑豆汤 香肠 + 米饭 干酪配水果
周四	麦片粥 剩菜 墨西哥卷饼 蔬菜配鹰嘴豆
周五	干酪配水果 剩菜 外出午餐 爆米花 + 花生
周六	奶油吐司 外出吃午饭 鸡蛋 + 培根 + 吐司 + 水果 蔬菜配鹰嘴豆
周日	麦片粥 牛油果配鸡蛋 烤肉配土豆 蔬菜配鹰嘴豆

购物清单

- 青椒
- 甘蓝
- 红薯
- 生菜
- 红洋葱
- 蔓越莓干
- 菠萝
- 草莓
- 小胡萝卜
- 碎牛肉
- 烤肉
- 整鸡
- 酸奶油
- 干酪粉
- 香肠
- 鹰嘴豆
- 爆米花
- 面包
- 玉米饼
- 鳄梨
- 培根
- 鸡胸肉
- 坚果
- 咖啡
- 鸡蛋
- 纸巾

晚餐专用的单页便利贴

这种设计适用于那些想要非常有条理的饮食计划，又不想每周都重新制作表格的人。你只需要绘制一次表格，然后每周换上写有新的饮食计划的便利贴即可。如果你的饮食变化不多，就可以重复使用这些便利贴。这样，你就可以在一周内更换你的饮食，而无须弄脏页面。

> 当我们将便利贴从笔记本上撕下来时，很多人都会抓住便利贴的左下角，以对角线的方向从下往上拉，这就不可避免把它们弄得卷了起来。实际上，要想避免这个问题，做法非常简单！你只需转动笔记本，使得有黏性的部分粘在左边，而不是在上面，然后在撕掉时从下面开始往上把便利贴拉下来。这样，每次你撕下的便利贴都是平整的！

晚餐计划

- **S** 烤鸡配蔬菜
- **M** 肉饼 + 青豆 + 土豆
- **T** 牛排
- **W** 意大利面 + 沙拉 + 大蒜面包
- **T** 烤鸡
- **F** 鸡蛋 + 培根 + 吐司
- **S** 外卖

主要食材清单

我是个有着固定习惯的人,每周都会买很多相同的食材。如果你也和我一样,那么这个清单很适合你。你可以在左侧写下所有的主要食材,然后在表格上面横向标出接下来三个月的每一周。如果这周你不需要买某个东西,就让它保持空白,反之就在里面添加一个圆点,表示你需要买它。在你到店里买好以后,就可以画个"X"。如果你觉得有些东西是经常要买的,比如早餐、午餐、零食、牛奶和鸡蛋等,但有些东西是会变化的,比如你的正餐或者那些超过一周以上才能用完的东西,你可以在本子的右侧尝试简单的便利贴法。

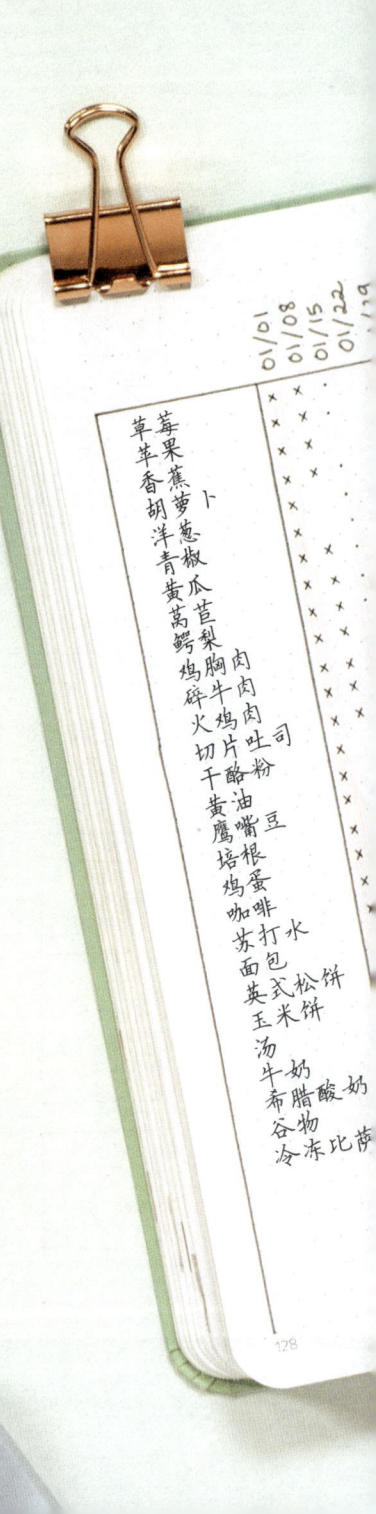

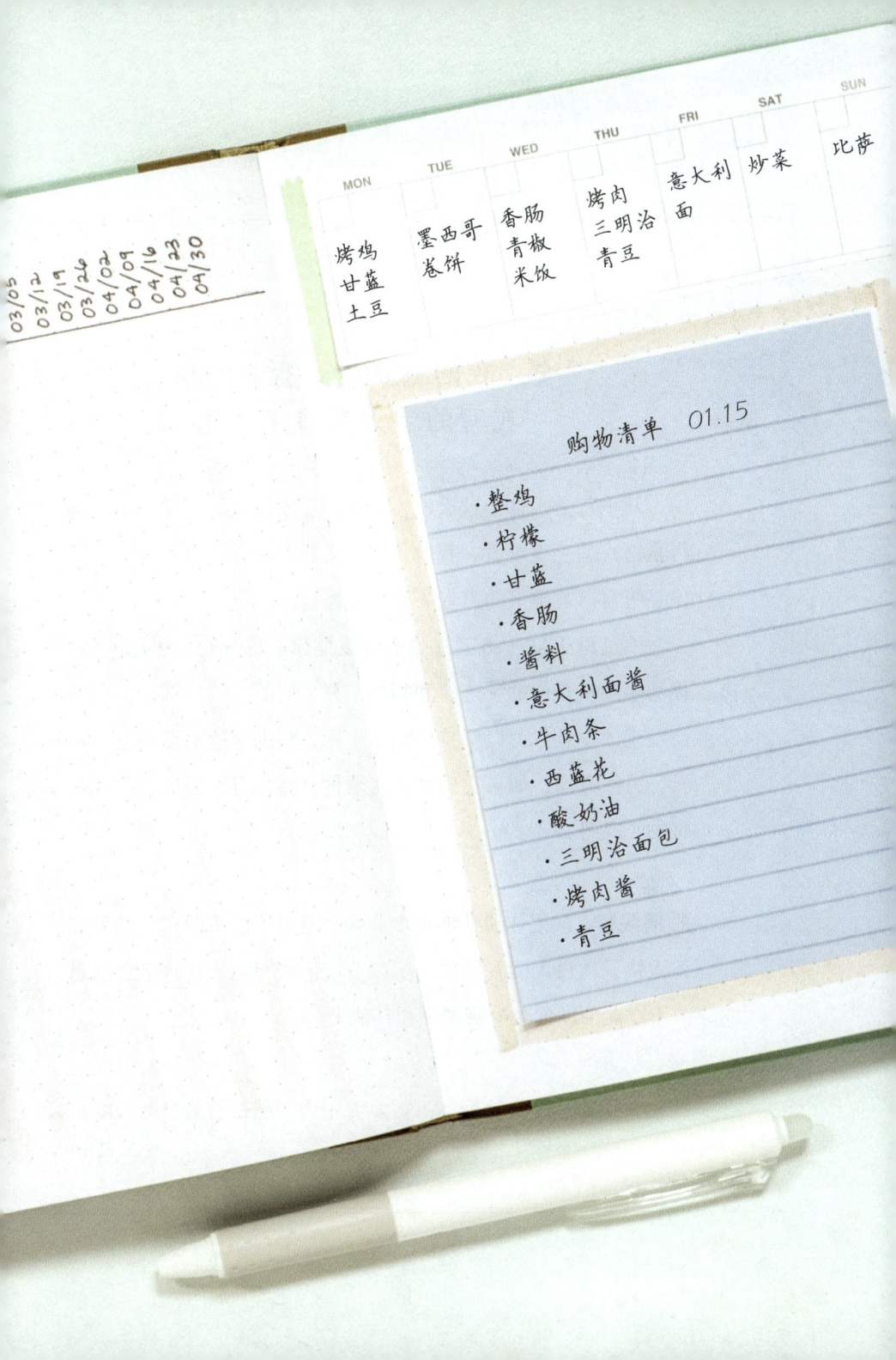

	MON	TUE	WED	THU	FRI	SAT	SUN
	烤鸡 甘蓝 土豆	墨西哥卷饼	香肠 青椒 米饭	烤肉 三明治 青豆	意大利面	炒菜	比萨

03/05
03/12
03/19
03/26
04/02
04/09
04/16
04/23
04/30

购物清单 01.15

- 整鸡
- 柠檬
- 甘蓝
- 香肠
- 酱料
- 意大利面酱
- 牛肉条
- 西蓝花
- 酸奶油
- 三明治面包
- 烤肉酱
- 青豆

"唉，我的格式设计得不好看，我写的字太难看了！"

几乎每个人都会这么说，因为除了书法家，几乎每个人都觉得自己写的字很难看。我也是这样的！仔细看自己写的字，这就像是听自己被录下的声音一样，很怪异。

不过讨厌自己的字迹并不应该是你不肯开始写手账的借口。你的字迹就是你的字迹，和指纹一样，它是你的一部分。你也许会发现，一旦你可以坚持定期做手账，你的字迹会变得越来越好看。另一方面，如果它确实困扰着你，你也可以尝试一些改善字迹的小窍门。

1. 慢慢写。如果你说话的速度太快，就没人能听明白。如果你写得太快，就没人能看明白。所以，请慢慢写吧，在写字之前思考一下，能帮助你减少错别字和其他失误。

2. 别太用力。轻轻地写，不需要太用力。超过了适当的力度，只会使你的手受伤。

3. **研究你写的字应该是什么样子**。每个字都有一种正确的写法，但未必是你在小学学到的写法。你可以参考各种字体，尽管这些字体都很美，但当初它们并不是为了美而被创建的，而是为了人们能写得更快、更简单、更轻松。遵循这些字体，能使你的字迹更好看，也能使你舒适地长时间写字。

4. **留意你的手和手臂**。如果手写的时候，你的手很快就会觉得酸疼，那么你很可能没有采用正确的书写姿势，没有用上正确的肌肉。正确的写字姿势可能和你的习惯大不相同。

第十三章

旅行计划

千年来,旅行和写日记一直是联系在一起的。对于很多人来说,一次大的旅行是他们开始写日记的原因。手账非常适合记录旅行:你可以提前规划你的旅游,查找重要的信息,快速记下你的想法和观察,而不会浪费你花在博物馆或者山顶上的宝贵时间。我真希望我在国外读大学的时候就会写手账!虽然那时我在写日记,但我还是更青睐手账。

基本的旅行计划表

当你开始规划旅行时,就可以制作这种简单的表格。它可以帮助你记下最重要的事情:你要做什么以及你要去哪里吃饭。我想,最美好的旅行就是你在一顿美餐后,下一个观光景点就在前往下一顿美餐的路上。只要你的朋友或熟人对你说:"哦,在旅途中,你必须做……"你就可以记在这个表格里,无须担心自己会忘掉。

查尔斯顿旅行计划表

观光（必看/必做）

- 萤火虫酿酒厂
- 萨姆特堡
- 木兰小屋之旅
- 萨凡纳一日游
- 市集
- 上国王街
- 滨海公园

美食

- 烤鸡
- 饼干佐肉汁、南瓜面包、香蕉面包
- Fleet Landing 餐厅
- Baked 咖啡厅

美好时刻清单

如果你知道在旅行途中没有大把时间用来写游记,你就可以制作一个清单,记下你去过的地方,吃过的东西,以及每天观察到的东西。我喜欢这种设计,因为它很干净,而且非常实用,即使你的行程非常紧凑也没关系。

佛蒙特之旅

07.14

— 一路开车过去,风景很美。
— 绕着伯灵顿市中心散步。
— 去山间远足。
— 晚餐在佛蒙特的 Tap House 吃比萨,花了 600 美元。

07.15

— 去曼斯菲尔德山远足,天气很好,起得很早。
— 在 Jericho Country Store 吃午餐,这是我这辈子吃过最好吃的三明治。
— 在公园吃东西。
— 去工厂参观。

旅行日记提示

在旅途中,有时你很难去描述那些自己所经历过的奇妙的事情。所以,如果你发现自己找不到合适的词了,可以选择一些提示,然后依照这些提示写旅行日记。

旅行日记提示

1. 今天什么东西让我大吃一惊
2. 今天交谈过的三个人
3. 今天注意到的三个场景
4. 今天一直萦绕在我心头的色彩
5. 今天学到的一件事情
6. 今天希望自己能以不同方式去做的一件事
7. 今天听当地人说的一件事情
8. 今天最好和最糟的时刻
9. 今天最喜欢的景色
10. 今天看到的一种动物
11. 今天尝试过的某样新事物
12. 今天的天气
13. 今天穿了……
14. 今天特别需要的某件东西
15. 今天喝的饮料
16. 今天搭乘的某种交通工具
17. 今天令我感到不满的时刻
18. 今天令我感到满足的时刻
19. 今天吓到我的一件事

行李清单

如果你经常旅行,发现你自己要一次又一次地制作同样的行李清单,那么你就可以做一个能重复使用的清单。必备品在左侧,行程则在上面横过来写。页面的下方可以留点空白,以便日后添加一些为了某次旅行而特别准备的一次性物品。

	奥斯汀 05.10	丹佛 06.13	芝加哥 06.19
行李清单			
笔记本电脑	×	×	
电脑充电器	×	×	
手机充电器	×	×	
眼罩	×	/	
相机	×	×	
三脚架	×	×	
身份证	×	×	
手账本	×	×	
水壶	×	×	
睡衣	×	×	
袜子	×	×	
内衣	×	×	
牛仔裤	×	×	
运动鞋	×	×	
洗衣液	×	×	
沐浴露	×	×	
洗面奶	×	×	
刮毛器	×	×	
洗发液	×	×	
护发素	×	×	
换洗衣物	×	×	
远足鞋		×	
远足背包		×	
风衣			

"我担心自己无法坚持做手账！"

这种顾虑常常让我发笑，因为这意味着你无法控制自己。你想要坚持下去吗？如果答案是肯定的话，那就坚持下去吧！当你想要放弃的时候，要逆其道而行之。好了，撇开这些玩笑和无用的建议，有几件事一直在帮助我坚持做手账，它们可能对你也有所帮助。

首先，我知道为什么我要坚持做手账，我发现写手账有助于我培养新习惯。其次，做手账让我不会在下班回家后的第一个小时里漫无目的地玩手机，不会到处乱塞零钱和收据，也不会忘记熨烫第二天要穿的衣服。

所以，想想为什么你要开始做手账，你实际上能有多少空余时间花在这上面，经过一整天或者一周之后你还有多少热情，什么东西最有可能激励或打消你的积极性。然后制订一个专属于你的行动计划。

如果你发现自己失去了动力，想想你为什么放弃了这个习惯。今年年初，我的同事告诉我，仅仅开始了三周，她就放弃了手账。我们进行了长谈，发现了她的问题所在：她有做周计划的想法，但是她并没有享受实践的过程，在上了一天的班后，再加上来回通勤，她根本没有动力去做手账。我们还讨论了她究竟想从手账中获得什么。她觉得与每天写日记相比，手账能更详细地记录自己的习惯。最终，我们得出了一些可行的解决办法：她可以随身带着手账本，并设计一种更便利、更具鼓舞性的每日清单。于是问题就解决了！

　　请记住，即使你确实有段时间没有写手账，你也总是可以从停下的地方重新开始。即使已经过去了几周或者几个月，你的手账总是在那里，等待着你的回归。

第十四章

打造你的专属手账

把手账设计得漂漂亮亮并不是一个强制要求，但很多人（包括我自己）都喜欢装饰自己的手账。我一直很喜欢近藤麻理惠在《怦然心动的人生整理魔法》一书中的说法：我们身边的日常物品应该能"引发喜悦"。这种态度也伸展到了我的手账中。要使手账引发喜悦，首先它必须是功能性的：我要能在手账里记录信息，能阅读并不费力地从中查找重要的信息。其次，我要喜欢它的外观！

我对装饰手账的看法就如同我对化妆的看法。没人真的需要化妆。不过你可能会对某些美容产品感兴趣，即使不化妆的人也可能会在意自己使用的肥皂、洗发液和沐浴露——他们希望这些东西发挥作用，散发香气。还有些人每天要花10~20分钟化妆才会满意，他们喜欢试用新产品，并找出最适合自己的一款，也愿意在他们在意的东西上挥霍一些钱。再有些人就很痴迷化妆，他们会浏览各大

论坛，花时间了解更多不同的产品，每天花一小时化妆，花大笔的钱在高端化妆品上，视之为一种创造性表现和形式。不管某些无礼的人怎么想，这些方式本身并无对错之分。

所以说到底，无论你是个文具控，只要提及你喜欢的钢笔和记号笔就会兴奋不已，还是你只不过想在你的手账里添加一些纸胶带，或者你只不过想找一支好写、不弄脏的黑笔，这些都很好。无论你是哪一类人，我的建议都是一样的：买那些能发挥作用的，并且你负担得起的产品。这些产品能以某种方式引发喜悦，使你更乐于做手账。下面是一些对我很有帮助的产品。

黑笔

在我看来，一支好用的笔应该有如下特点：

◆ 手感好。
◆ 让你书写流畅，无须用力过猛。
◆ 不容易被蹭脏或者渗到下一张纸上。

我觉得按压式黑色中性笔是个很好的选择。我喜欢它们纤细的笔尖，0.5 毫米或更细。不过我注意到，比 0.5 毫米更细的笔在纸上划动时会很容易划破纸张。这本书里的各种表格都是我用百乐的 0.38 果汁中性笔（Pilot Juice）写的，这也是我每天都用的笔。我还喜欢用百乐 G2 黑色中性笔（Pilot G2）以及无印良品 0.5 毫米中性笔，这两种笔我用了很多年了，是在商场里最容易买到的笔。如果你想要更细且不会划破纸张的笔，那么三菱的 0.28 毫米中性笔（Uni-ball Signo）是非常棒的选择。

至于圆珠笔，我喜欢三菱的 DELUXE Micro 0.5 毫米和百乐的 Precise V5 RT。Uni Jetstream 的 Alpha Gel 0.7 毫米圆珠笔和 Standard 0.5 毫米圆珠笔也不错。我还喜欢 Zebra 的 F-301 0.7 毫米圆珠笔，这是我祖母最喜欢的笔，我的很多旧日记就是用这种笔写的，虽然它的墨水要比其他品牌的更淡。另外，我很多喜欢用圆珠笔的朋友都是 Pentel R.S.V.P 0.7 毫米圆珠笔的忠实粉丝。

Black gel pens

- Pilot Juice 0.38 □ · — ×
  The quick brown fox jumped over the lazy dog
- Pilot G-2 0.5 □ · — ×
  The quick brown fox jumped over the lazy dog
- Muji 0.5 □ · — ×
  The quick brown fox jumped over the lazy dog
- Pentel Ener-Gel 0.5 □ · — ×
  The quick brown fox jumped over the lazy dog
- Pilot Frixion 0.4 (erasable!) □ · — ×
  The quick brown fox jumped over the lazy dog
- Pilot Hi-Tec-C Maica 0.4 □ · — ×
  The quick brown fox jumped over the lazy dog
- Zebra Sarasa 0.3 □ · — ×
  The quick brown fox jumped over the lazy dog
- Uni-Ball Signo 0.38 □ · — ×
  The quick brown fox jumped over the lazy dog
- Uni-Ball Signo 0.28 □ · — ×
  The quick brown fox jumped over the lazy dog
- Muji 0.25 □ · — ×
  The quick brown fox jumped over the lazy dog

Black ballpoint + rollerball pens

- Uni-Ball Deluxe Micro 0.5 □ · — ×
  The quick brown fox jumped over the lazy dog
- Pilot Precise V5 RT □ · — ×
  The quick brown fox jumped over the lazy dog
- Uni Jetstream Alpha Gel Grip 0.7 □ · — ×
  The quick brown fox jumped over the lazy dog
- Uni Jetstream Standard 0.5 □ · — ×
  The quick brown fox jumped over the lazy dog
- Zebra F-301 0.7 □ · — ×
  The quick brown fox jumped over the lazy dog
- Bic Atlantis 0.7 □ · — ×
  The quick brown fox jumped over the lazy dog
- Paper Mate Inkjoy 1.0 □ · — ×
  The quick brown fox jumped over the lazy dog
- Pentel R.S.V.P. 0.7 □ · — ×
  The quick brown fox jumped over the lazy dog

彩色笔

如果你想在手账中用彩色笔，那么你的选择有很多，完全取决于个人的偏好：你最喜欢什么颜色，你希望笔尖有多细，哪种笔手感最好。下面是我最喜欢的一些彩色笔。

施德楼 Triplus Fineliner：这种笔有 42 种不同的颜色，笔身呈三角形，我很喜欢它的触感。0.3 毫米的笔尖能够写出细长干净的线条。

思笔乐 Point 88：它的笔尖有 0.4 毫米，比施德楼的那款略微粗一点，但仍然能画出美丽的线条。它们的笔身是独特的六边形，有 47 种不同的颜色，包括霓虹色、中色和亮色。

辉柏嘉 PITT 艺术家色笔：我最近在一家美术用品商店发现了这个品牌，并立刻爱上了它。它的 S 系列（0.3 毫米）非常棒，其中的阴丹士林蓝色已经跻身我最喜欢的笔之列。它们的 1.5 毫米金属艺术笔非常粗，所以我用得不是很多，但它们非常美丽，色彩独特，非常适合写标题和重要的引用。

Le Pen：这个牌子的笔细长优雅，有很多有趣的颜色，包括霓虹色。用 0.3 毫米的笔画细线非常好。如果你想大量用彩色笔做手账，这个牌子是个很棒的选择。

无印良品中性笔：很多人都喜欢无印良品的笔。如果你想用彩色笔写很多文字，这也是一个很好的选择。它们非常平滑，有 0.5 毫米和 0.38 毫米供选择。我真希望它们能够生产出更多的颜色！

Pigma Micron：我的很多朋友都用这款笔记笔记、画图。它们有几种不同的颜色和尺寸供选择；我最喜欢的是蓝色、棕色和绿色。不过，并非每种笔尖尺寸都配备了所有的颜色。

> 一般情况下，我在手账里只会用彩色笔和记号笔记录项目和格式，例如日期、标题、分隔线、日记内容和每月表单。这样，我就不需要担心某一天我会忘记带上一支重要的笔，因而无法完成彩色版的待办清单。我的生活不需要那种压力。

记号笔和荧光笔

Tombow 双头彩色记号笔：每个了解我的人都知道，我特别喜欢这种记号笔。它有 96 种美丽的颜色，你既可以用单一的颜色，也可

STAEDTLER triplus fineliner
DRY SAFE
STAEDTLER triplus fineliner
JAPAN

Tombow dual brush pens

942		one	two
800		one	two
850		one	two
761		one	two
491		one	two
620		one	two
603		one	two

Faber-Castell brush pens

220		notes	notes
116		notes	notes
132		notes	notes
172		notes	notes
146		notes	notes

Zebra Mildliners

Frixion

以多种颜色叠加。这款笔在大面积涂色方面效果非常好，你也可以用细的笔尖写字、画线或者给方框填色。注意：它不是荧光笔。如果你要把它当成荧光笔用，你的笔头会被弄脏。所以，如果你想要用它们来写字，你就要先涂色，再在上面写字。

辉柏嘉 PITT 艺术家记号笔：辉柏嘉的笔（笔帽上有个 B）比 Tombow 的要稍微细一点，你可以画出更细更整洁的线条。它有很多非常可爱的现代色彩，很适合那些想寻找非常特别色调的人。#220 轻靛蓝是我的最爱，我常用它写日账。

斑马 Mildliners 荧光笔：就像传统的荧光笔，但是这款笔的颜色没有那么刺眼。斑马既生产传统的荧光色，也生产很多非霓虹色的笔。不像记号笔，它们可以涂在文字上面（虽然我建议你先等 60 秒，让你的墨水干掉）。一眼看过去，有两件事情你有可能没有在第一时间发现。一、这个牌子的笔有两个笔头，一头是尖凿形，另一头则是细的。二、它们的名称是 mildliners，而不是 midliners。和很多其他人一样，我在好几个月里一直读错了它们的名字。

百乐 Frixion 亮色可擦荧光笔和记号笔：如今，可擦荧光笔和记号笔已经正式问世了！起初我对它们的期待值颇低，因为我年轻的时候可擦的笔都不怎么好用，但这款笔确实不错。

灰笔、记号笔和高光笔

如果你喜欢柔和的颜色或者是更加简约的外观，那完美的灰色笔或者记号笔就是你最好的选择了。经过多次的尝试，我发现了一些非常好的灰色笔，如右图所示。

纸胶带

纸胶带原产日本，是一种略微透光的胶带，在美国也广受欢迎。我喜欢用纸胶带，因为它能给手账增加图案和色彩，简单干净，尤其是在你没有设计灵感或者没有太多时间的时候。虽然现在有不少品牌都在生产纸胶带，你也可以在任何一个用品店里买到，但我还是最喜欢 MT 牌的纸胶带。它很容易撕下来，不会在纸上留下残迹，也不会让纸张黏在一起。如果有必要，你还可以揭下来重新贴上，不会让纸张受损。这种纸胶带的表面很容易写字，而且有很多颜色可选，非常可爱。如果把这些颜色叠起来也很漂亮。你还可以用特别细的 MT 纸胶带来制作有颜色的方框和隔离区，或者用它来突出清单中的某个特殊内容。

顺便说一句：苹果手机的包装盒非常适合存放纸胶带。

gray pens

Staedtler (#8)	☐ · — × > /	mon.	JAN. 04	
	August	03.13.17	notes	
Stabilo (#96)	☐ · — × > /	mon.	JAN. 04	
	August	03.13.17	notes	
Le Pen	☐ · — × > /	mon.	JAN. 04	
	August	03.13.17	notes	
Frixion	☐ · — × > /	mon.	JAN. 04	
	August	03.13.17	notes	
Stabilo (#94)	☐ · — × > /	mon.	JAN. 04	
	August	03.13.17	notes	
Staedtler (#82)	☐ · — × > /	mon.	JAN. 04	
	August	03.13.17	notes	

gray markers

Tombow (#N95)	▬ ▬	one layer / two layers	— —
Zebra Mildliner	▬ ▬	one layer / two layers	— —
Faber-Castell (#272)	▬ ▬	one layer / two layers	— —
Faber-Castell (#233)	▬ ▬	one layer / two layers	— —

199

MT01P304

MT01P302

MT01P303

MT01P311

MT01P312

MT01P305

MT01P306

MT01P307

MT01P308

MT01P309

> 我能做出好看的设计布局的秘诀，就是事先练习！我有一本很便宜的笔记本，我会在上面测试各种笔、标题样式、文字风格和格式设计等等。这样，我就不会把任何我不喜欢的东西放进我的手账。我通常还会先用铅笔制作新的布局和标题，之后再用钢笔定稿。当然，错误还是会发生，不过我喜欢在另外一个笔记本上尝试新的东西，这就不会浪费价格不菲的手账本里的空间。

其他配件

在写手账时，以下几种配件可以使我的写作变得更容易些。

一把 15 厘米的直尺：一把小直尺花不了多少钱，但在制作布局的时候非常好用。我喜欢用金属尺，因为它很薄，可以夹在我的手账本里。

长尾夹：除了看起来很酷之外，长尾夹还能使手账本在你写作时完全摊开。

一块好的橡皮：如果你喜欢先用铅笔画出你的格式，然后再用钢笔

MIDORI MADE IN JAPAN
BRASS
this week
Radar
SEED
PLASTIC ERASER Light

定稿，你就需要一块好的橡皮，以免在你的纸上擦出洞来或者在上面留有铅笔的痕迹。如果你擦下来很多橡皮屑，你就需要一把干净的化妆刷，把它们从你的页面上清理掉。

修正带：错误总归是会发生的。我喜欢用修正带来修改错误，而不是用修正液，因为它看起来更干净，而且我也不想傻坐着等修正液变干。

黄铜标签：市场上有很多不同类型的标签，不过我喜欢 Traveler 公司的黄铜标签。提前说明一下：它可能把纸撕下来一点。所以我不会用它们标记我每天或者每周的页面。我更喜欢在经常要参考，但不会经常修改的页面上用它。

便利贴：在手账里有很多地方可以用到便利贴。我特别喜欢把它们用在引用名言上，还有就是我在晚上会把想补充进日记里的想法写在便利贴上。我喜欢淡一点的颜色。你可以在网络上找到各种颜色、图案和形状的便利贴。

飞镖型书签：有一段时间，我在手账里使用了很多书签，这样我就可以很容易地翻到我的月度管理表、每周任务清单和每日计划。我试着用回形针来标记页码，但是它们太厚了，固定不住，还会弄坏页面。直到我发现了飞镖型书签，才找到了完美的解决方案。它们非常薄，很容易贴在页面上，又能够牢牢地固定住。它们不会弄坏你的页面，所以你可以用它来标注每日计划。

标题和分隔线

我没有太多艺术细胞，不过我发现一些可以在手账里伪装艺术家的小窍门。右图是我写标题和日期的方法，我保证它们都非常简单！我喜欢的分隔符都是以一条直线为基础的，非常容易入手。

mon.
04.17.17

(may 2017)

{ tues JAN.10 }

Aug 04

我希望我的日记应该是什么样的?看似内容松散,实则思路清晰,可以接纳我头脑里出现的各种内容,严肃的、轻巧的或者美丽的。我希望它像深色的旧书桌,又或是一个宽敞的大箱子,可以塞进各种零零碎碎的东西,而无须仔细地检查。一年或者两年之后,我应该打开它,发现里面的收藏物已经进行了自我归类和完善,联结起来,它足够透明,可以反射出我们生活中的光彩,但又有一种艺术品般的冷漠,显得稳固而宁静。

——弗吉尼亚·伍尔夫写于她的日记

1919 年 4 月 20 日

在晚上,我们做完了每一件事情。

是的,每一件事情。

——我写于我的日记

2003 年 11 月 22 日